THERMÆ ROMÆ

MARI YAMAZAKI

Traduction : Ryôko Sekiguchi et Wladimir Labaere
Adaptation graphique : Hinoko

TABLE DES MATIÈRES

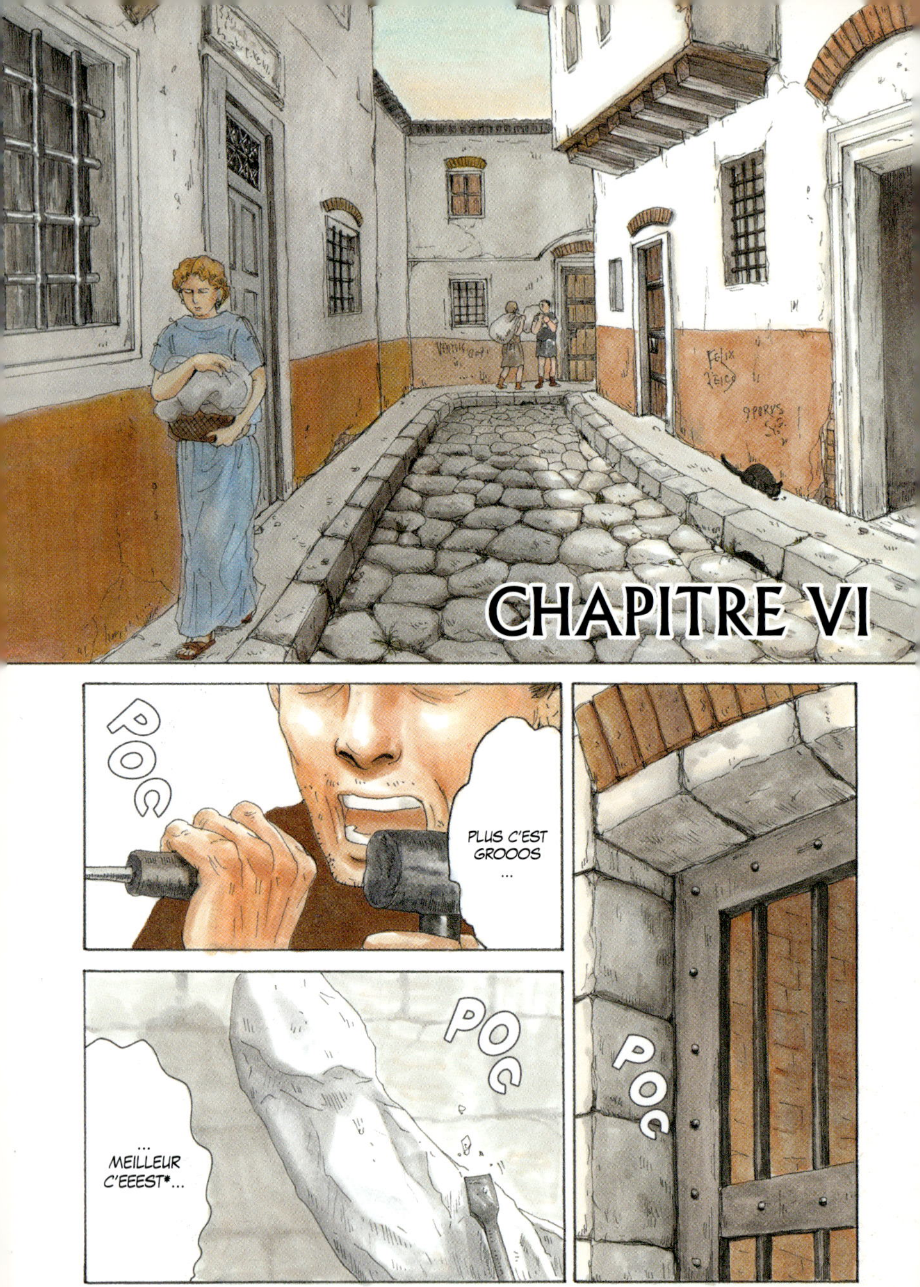

* NDA : le culte du phallus a existé dans la Rome antique mais également dans bien d'autres parties du monde. Le Japon ne fait pas exception : depuis l'Antiquité et aujourd'hui encore, on vénère par endroits le phallus, parfois dans des représentations aux proportions délibérément déformées, afin qu'il apporte des récoltes fertiles ou encore la longévité d'un nom à travers une descendance nombreuse.

* NDA : Priape : dieu de la fertilité dans la mythologie grecque.

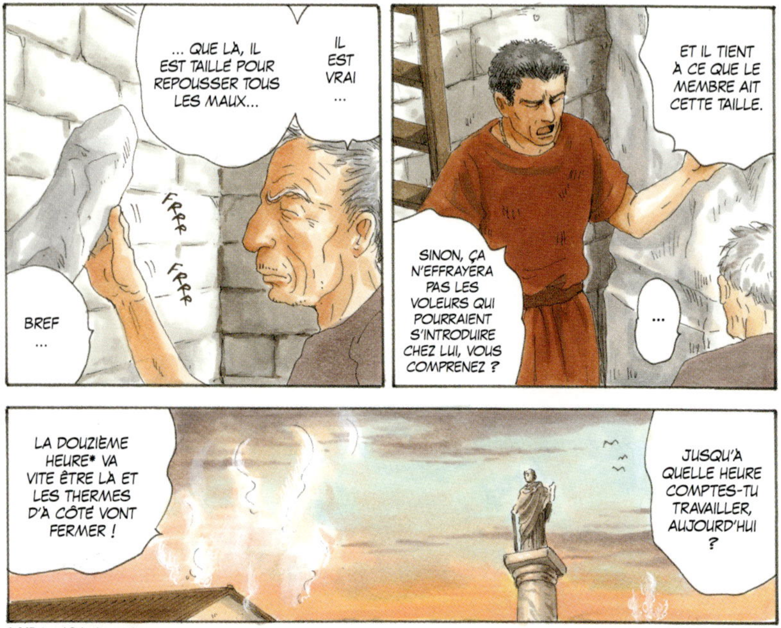

* NDA : 18 h de nos jours.

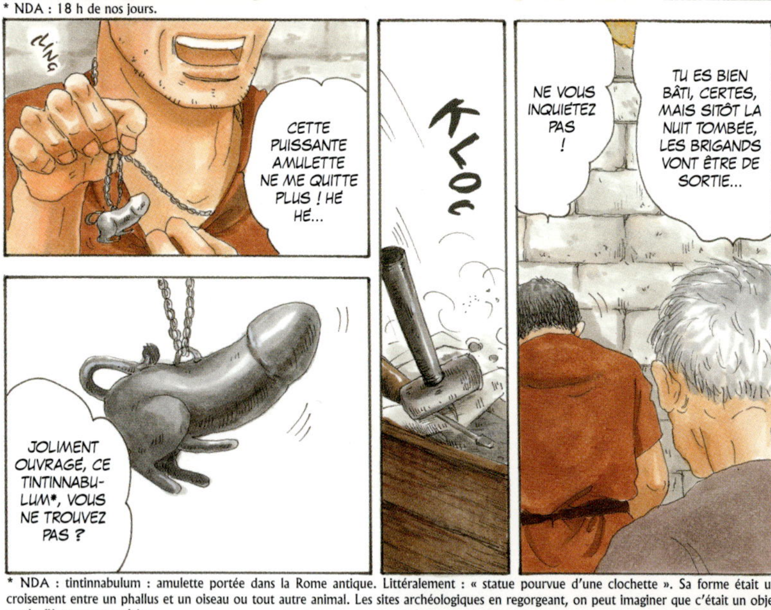

* NDA : tintinnabulum : amulette portée dans la Rome antique. Littéralement : « statue pourvue d'une clochette ». Sa forme était un croisement entre un phallus et un oiseau ou tout autre animal. Les sites archéologiques en regorgeant, on peut imaginer que c'était un objet particulièrement populaire.

METTEZ-LE QUAND VOUS TRAVAILLEZ, ÇA PORTE CHANCE, QU'IL A DIT ...
C'EST UN CADEAU DE CE MARCHAND QUI M'A COMMANDÉ LA STATUE DE PRIAPE.
TÂTE MES BOULES D'HOMME ?
COM-MENT ?
TINTINNA-BULUM, JE VOUS DIS !
ALORS JE LE RÉPÈTE, NE VOUS INQUIÉTEZ PAS POUR MOI, MAÎTRE !
SI TU LE DIS... SOIS TOUT DE MÊME PRUDENT.
LUI, ÇA LUI A SAUVÉ LA VIE UN BON NOMBRE DE FOIS, APPAREMMENT.
SANS COMPTER QU'À 70 ANS, IL A EU SON DOUZIÈME ENFANT !
OOOOOH !!!
SALVE !

T'ES PLUTÔT BIEN CHARPENTÉ, MON JOLI...
TU VIENS T'AMUSER UN PEU ?
ON DIT QUE J'AI LA LANGUE LA PLUS AGILE DE TOUT ROME, TU SAIS...
JE TE FERAI UN PRIX.
LA MAISON FAIT CRÉDIT !
ALLONS ...
NON... CE SERA PAS AUJOURD'HUI.
MERCI, MAIS... UNE PROCHAINE FOIS !
TU SAIS FAIRE L'ARTICLE, TOI... ATTENDS UN INSTANT ...
CLING
C'EST D'ACCORD ? ♡
LES FEMMES, C'EST BIEN... MAIS AVANT TOUTE CHOSE, UN BON BAIN !
J'Y PENSE... JE NE VOIS PLUS GUÈRE LUCIUS, CES DERNIERS TEMPS. JE VAIS LUI PROPOSER DE M'ACCOMPAGNER.
BOM
BOM
LUCIUS !!! TU ES LÀ ?

BOM
BOM
BOM
IL Y A QUELQU'UN ?
C'EST MOI, MARCUS !
IL N'A QUAND MÊME PAS DÉMÉNAGÉ SANS ME PRÉVENIR ?!
ÉTRANGE... PAS MÊME UN ESCLAVE POUR M'OUVRIR ...
CRII
TIENS ?
CE N'EST PAS VERROUILLÉ ?!
OUAH !
CRAC
LUCIUS ...
GROUIII
PAR TOUS LES DIEUX ! MAIS QU'EST-CE QUE...

QU'EST-CE QUI S'EST PASSÉ, ICI ?
URGH... ÇA EMPESTE L'ALCOOL ...
LUCIUS !
GGGH... C'EST TOI, LIVIA ?
CLAC

MAIS ...
... QU'EST-CE QUI T'ARRIVE ?
...
TU N'AS TOUJOURS PAS DIGÉRÉ LE COUP QUE T'A FAIT TA FEMME, C'EST ÇA ?!
...
COMMENT TU TE SENS ?!
REGARDE-MOI DANS QUEL ÉTAT TU T'ES MIS !
...
MARCUS ...
UN HOMME DONT LA FEMME S'ENFUIT N'EST PAS DIGNE DU STATUT DE CITOYEN ROMAIN.
JE SUIS UN HOMME FINI.
JE SUIS UN DÉCHET.

LIVIA ÉTAIT DANS SON BON DROIT.
QUELLE FEMME IRAIT S'ENCOMBRER À VIE D'UN HOMME INCAPABLE D'ÊTRE UN BON MARI ?
J'AI EU TORT DE M'ABSENTER PENDANT TROIS LONGUES ANNÉES, CERTES... MAIS JE SAIS PERTINEMMENT QUE CE N'EST PAS LA VRAIE RAISON DE SON GESTE !
LUCIUS ...
UN HOMME QUI NE RÉUSSIT MÊME PAS À CONCEVOIR UN HÉRITIER... SI J'ÉTAIS UNE FEMME ...
... JE N'EN VOUDRAIS POUR RIEN AU MONDE.
REPRENDS-TOI, LUCIUS !
TA FEMME, TU VAS ALLER LA CHERCHER ET LA RAMENER ICI, C'EST TOUT !!! TU M'ENTENDS ?
MAIS REVIENS À LA RAISON, MON PAUVRE LUCIUS ! TU ÉTAIS ABSENT !!!
ET SI VOUS N'AVEZ PAS EU D'ENFANT, C'EST PEUT-ÊTRE TA FEMME QUI Y EST POUR QUELQUE CHOSE, QUI SAIT ?!
NE CHERCHE PAS LES PROBLÈMES OÙ ILS NE SONT PAS, MARCUS.
REGARDE CET AUTEL ET TU COMPRENDRAS.

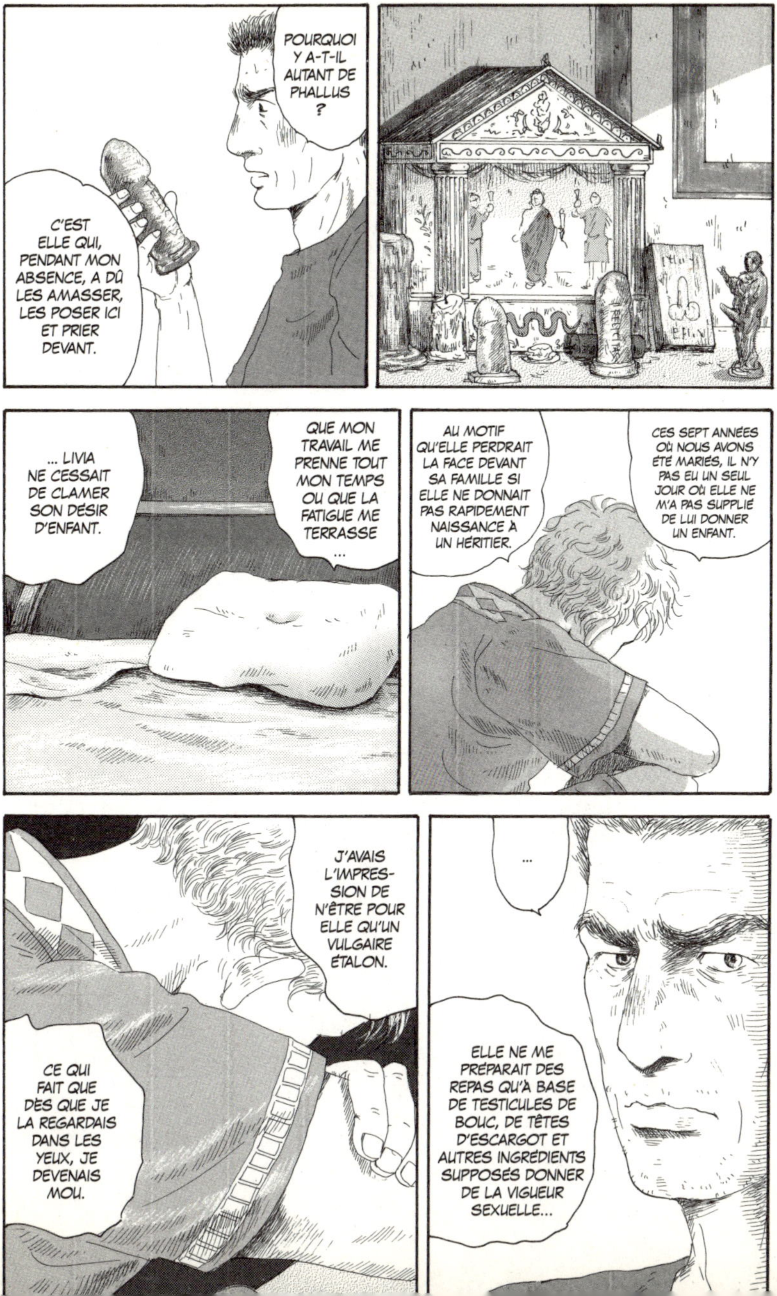
POURQUOI Y A-T-IL AUTANT DE PHALLUS ?
C'EST ELLE QUI, PENDANT MON ABSENCE, A DÛ LES AMASSER, LES POSER ICI ET PRIER DEVANT.
... LIVIA NE CESSAIT DE CLAMER SON DÉSIR D'ENFANT.
QUE MON TRAVAIL ME PRENNE TOUT MON TEMPS OU QUE LA FATIGUE ME TERRASSE ...
AU MOTIF QU'ELLE PERDRAIT LA FACE DEVANT SA FAMILLE SI ELLE NE DONNAIT PAS RAPIDEMENT NAISSANCE À UN HÉRITIER.
CES SEPT ANNÉES OÙ NOUS AVONS ÉTÉ MARIÉS, IL N'Y PAS EU UN SEUL JOUR OÙ ELLE NE M'A PAS SUPPLIÉ DE LUI DONNER UN ENFANT.
J'AVAIS L'IMPRESSION DE N'ÊTRE POUR ELLE QU'UN VULGAIRE ÉTALON.
CE QUI FAIT QUE DÈS QUE JE LA REGARDAIS DANS LES YEUX, JE DEVENAIS MOU.
...
ELLE NE ME PRÉPARAIT DES REPAS QU'À BASE DE TESTICULES DE BOUC, DE TÊTES D'ESCARGOT ET AUTRES INGRÉDIENTS SUPPOSÉS DONNER DE LA VIGUEUR SEXUELLE...

...
SANS COMPTER QUE TA LIVIA, ELLE M'AVAIT L'AIR D'UNE SACRÉE TÊTE DE MULE ...
JE CONÇOIS QU'UNE FEMME QUI N'A QUE LE MOT "ENFANT" À LA BOUCHE, ÇA PUISSE COUPER L'ENVIE À N'IMPORTE QUI...
...
...
MAIS JE L'AIME !!!
À JÉRUSALEM, PAS UNE FOIS JE N'AI PAYÉ DE FEMME ! PAS UNE SEULE FOIS !
NE TE LAISSE PAS ALLER !
N'ESSAIE MÊME PAS, MARCUS. LAISSE-MOI TRANQUILLE.
BON... J'AI UNE IDÉE !

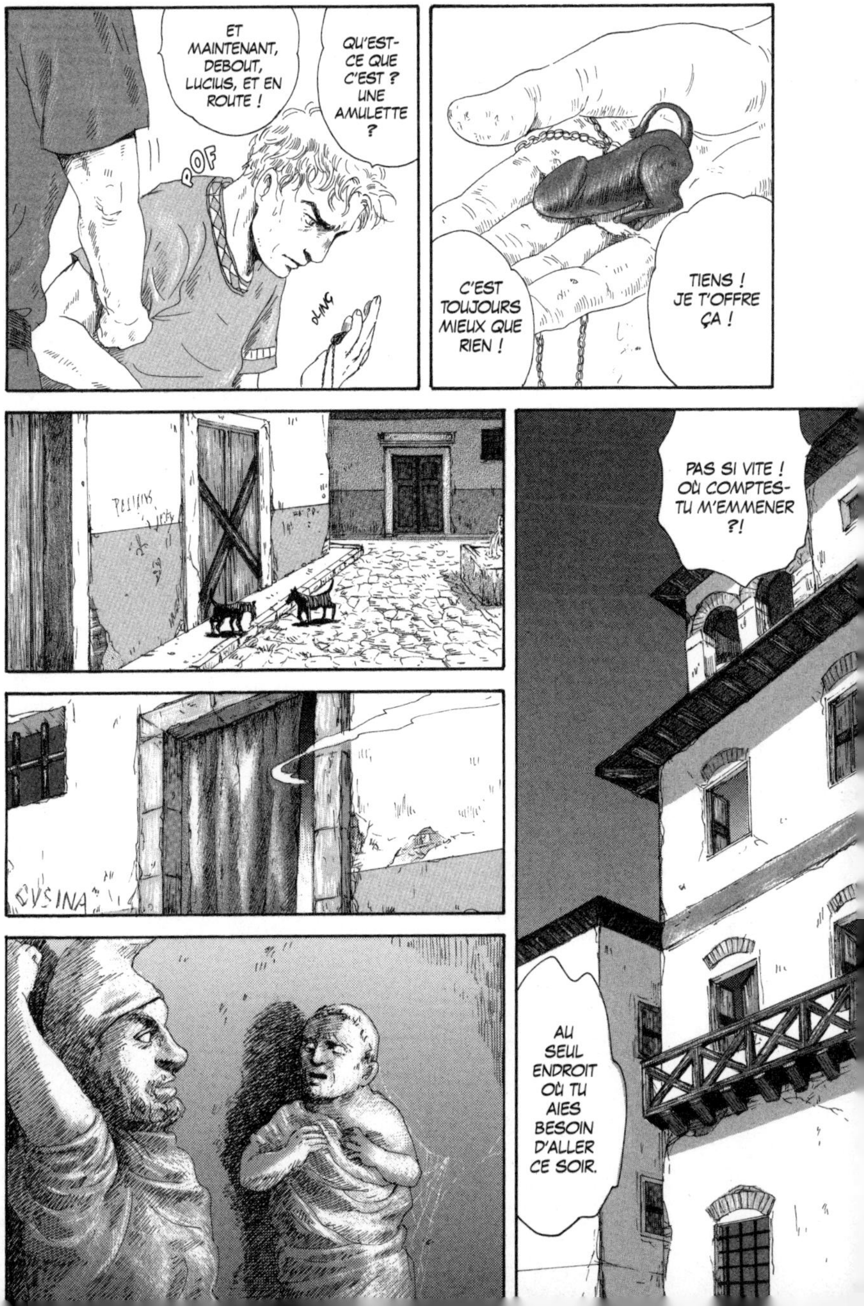
ET MAINTENANT, DEBOUT, LUCIUS, ET EN ROUTE !
QU'EST-CE QUE C'EST ? UNE AMULETTE ?
POF
DLING
TIENS ! JE T'OFFRE ÇA !
C'EST TOUJOURS MIEUX QUE RIEN !
CVSINA
PAS SI VITE ! OÙ COMPTES-TU M'EMMENER ?!
AU SEUL ENDROIT OÙ TU AIES BESOIN D'ALLER CE SOIR.

SLOB
SLUB
SLOP
MARCUS... CET ENDROIT NE ME DIT RIEN QUI VAILLE...
CONTENTE-TOI DE ME SUIVRE, TOUT IRA BIEN !
ALORS ?
LEQUEL DE VOUS DEUX L'A MOLLE ?
HMM... JE VOIS ...
TU ME FAIS L'EFFET D'UN HOMME QUI PREND TOUT BEAUCOUP TROP À CŒUR ...
...
...
POF
C'EST MOI !!!

* NDA : Œnothée : prêtresse de Priape.

SPLOTCH SPLOTCH SPLOTCH
C'EST DE L'EAU D'UNE SOURCE QUI JAILLIT AU PIED DU VÉSUVE, À LAQUELLE J'AI AJOUTÉ UNE DÉCOCTION DE GINGEMBRE, DU LAIT DE TRUIE ET DE LA SEMENCE DE TAUREAU.
TU DOIS T'Y IMMERGER COMPLÈTEMENT ! LA TÊTE AUSSI !
QUOI ?!
LA TÊTE AUSSI ?!
VITE !
TANT QUE LA PRÉPARATION FAIT EFFET !
PAF
GLORBLL
NE SORS PAS AVANT QUE JE NE T'EN FASSE SIGNE !

* NDA : culte de Konsel : célébration principalement pratiquée dans le nord-est du Japon, au cours de laquelle Konsel, divinité venue pour l'occasion habiter une statue de phallus, féconde une source thermale de montagne qui symbolise les organes génitaux féminins.

BLOP
OOOOOOOH
BLO
BLOP
GWOOOOOOOH
HEIN ?!

!
KO-KO ...
KO ...
OÙ SUIS-JE ?
C'EST LE GRAND KONSEI !

GRAND KONSEI !
LE GRAND KONSEI A PRIS FORME HUMAINE !
AAAAAAH ! LOUÉE SOIT SA BIENVEILLANCE !
GLOIRE AU GRAND BOUDDHA !
UN MIRACLE S'EST PRODUIT SOUS NOS YEUX !!!
LE GRAND KONSEI EST APPARU !
GRAND KONSEI !
GRAND KONSEI !
QUE SE PASSE-T-IL ?
QU'ARRIVE-T-IL À CES VISAGES PLATS ?!
BLUP

?!
BLOUP
UN PHALLUS GÉANT ?!
SERAIT-CE LEUR FAÇON DE RAILLER ...
BLOUP
... MON PROBLÈME AVEC MA FEMME ?!
C'EST D'UNE CRUAUTÉ SANS BORNE !
À VOUS, MESDEMOISELLES ! PROCÉDEZ AU RITE !
MOI QUI VOUAIS UN IMMENSE RESPECT À CETTE PEUPLADE ...
ÉVIDEMMENT ! VOUS OSERIEZ VOUS METTRE UN DIEU À DOS ?
HEIN ? ON EST VRAIMENT OBLIGÉES DE LE FAIRE, ALORS ?
COMMENT OSENT-ILS, CES MISÉRABLES ! JE SUIS UN CITOYEN DE LA GRANDE ROME !
D'ACCORD ...

JE VAIS JETER CETTE STATUE RIDICULE, AINSI ILS COMPRENDRONT QU'ON NE PROVOQUE PAS IMPUNÉMENT LE COURROUX D'UN ROMAIN !!!
HMPF !
...?
...
...
QUE SE PASSE-T-IL ?

MAINTIENS BIEN DE TON CÔTÉ, MI-CHAN !
C'EST QUAND TU VEUX !
BIEN... TU ES PRÊTE, TCHIE ?
OUI.
MAIS QUAND MÊME.... C'EST DRÔLEMENT GÊNANT...
ALLONS ! TU VEUX TOMBER ENCEINTE OU PAS ?
ÇA BALLOTTE, VOUS ÊTES SÛRES QUE C'EST STABLE ?
ACCROCHE-TOI ET TOUT IRA BIEN !
ET ÇA GLISSE AU NIVEAU DES CUISSES...
RÉPARTIS BIEN TON POIDS !

...
CES FEMMES ...
QUE VEULENT-ELLES FAIRE ?!
OUI ! C'EST BIEN, TCHIE !
GRAND... GRAND KONSEI ...
JE VEUX AVOIR UN BÉBÉ CETTE ANNÉE...
EUH ... DONC ...
J'AIMERAIS QUE MON MARI AIT PLUS ENVIE DE MOI...
IL ÉMANE DE CETTE FEMME QUELQUE CHOSE QUI AIGUISE LES SENS ...
...
SA PEAU EST LISSE ET FERME ...
LA MÉLANCOLIE SE LIT DANS SON REGARD ...
SES FORMES SONT CERTES MOINS GÉNÉREUSES QUE CELLES DES ROMAINES ...
... MAIS PROVOQUENT NÉANMOINS UNE ENVIE IRRÉSISTIBLE DE SENTIR LEUR DOUCEUR...
...

SERAIT-CE UNE MANIFES-TATION...
ELLE SOUSTRAIT SON CORPS À MON REGARD ?
...
VLAF
AH !
JE PEUX DESCENDRE, MAINTE-NANT ?
EUH... J'AI FINI DE PRIER ...
... D'UNE FORME DE "PUDEUR" BIEN PLUS EXACERBÉE QUE CELLE MONTRÉE PAR LES ROMAINES ?
ZWOUP
AH !
CRAC
POF
CAVE !
ATTENTION !

AH ...
DOM
DOM
DOM DOM
ÇA Y EST ...
QU'EST-CE QUI SE PASSE, MÉMÉ ?
FROOOOO
DOM
DOM
CRAC
CRAC
DOM

... A GRANDI, REGARDEZ-MOI ÇAAAA !!!
LE MEMBRE SACRÉ DU GRAND KONSEI ...
SI VOUS VOULEZ QU'IL VOUS ACCORDE SES BIENFAITS, C'EST LE MOMENT OU JAMAIS !!!
BROU
ALLEZ, LES FILLES !
HA HA
VRAIMENT ?!
AH BON !? AVEC CETTE FUMÉE, DIFFICILE DE SE RENDRE COMPTE...
PLOTCH PLOUF
OH ! PAR TOUS LES DIEUX ! JE...
?
WAAAAAH !
GRAND KONSEI !
GRAND KONSEI !
PLOTCH
WAAAAAH !

CHUT !
LUCI ...
BLUP
BLOB
BLOP
BLUP

SPLASH
PFOUAH !
LUCIUS ! ÇA VA ?!
HAA...
HAA...
HAA...
HAA...
...
MARCUS ...
HAA...
RE... REGARDE !!!
ÇA MARCHE !!!
OUOOOOH !!!
VIEILLE FEMME !
C'EST MAGNIFIQUE !
TU DOUTAIS DE MON TALENT ?

CLOP
CLOP
CLOP
UN DOUX RÊVE OU UN CAUCHEMAR, JE SERAIS BIEN EN PEINE DE TE LE DIRE ...
J'IMAGINE QUE TU AS DÛ FAIRE UN SONGE DRÔLEMENT AGRÉABLE, DANS CETTE MARMITE...
FAIS PAS DE MYSTÈRES ! MA MAIN À COUPER QUE TU ÉTAIS CERNÉ PAR UNE LÉGION DE BEAUTÉS QUI TE...
ON EST ARRIVÉS, MARCUS !!!
HÉ HÉ HÉ...

JE DOIS RAMENER MA FEMME CHEZ MOI COÛTE QUE COÛTE. JE NE REPARTIRAI PAS SANS ELLE.
MARCUS.
JE COMPRENDS MIEUX QUE T'EN AIES VU DE BELLES, SI C'EST LA FILLE D'UNE FAMILLE AUSSI FORTUNÉE...
BRRRR
ÇA C'EST DE LA VILLA ...
...
POC
POC
JE TE SUIS RECONNAISSANT DE M'AVOIR ACCOMPAGNÉ, MAIS PUIS-JE TE DEMANDER DE NE PAS PARLER À TORT ET À TRAVERS ?
EN... ENTENDU.
COMPTE SUR MOI.
CRRIII
JE SUIS LUCIUS MODESTUS !
JE VIENS VOIR MA FEMME !

LUCIUS ?!
DALIA !
MA FEMME... LIVIA EST-ELLE ICI ?
OUI... ELLE EST LÀ, MAIS...
LAISSE-MOI LA VOIR ! VA LUI DIRE QUE JE SUIS VENU LA CHERCHER !
QU'AUJOURD'HUI, JE PEUX LUI DONNER AUTANT D'ENFANTS QU'ELLE EN DÉSIRERA !!!
...
JE T'EN SUPPLIE !
...
UN INSTANT ...
...
BLAM

...
ÇA VA ALLER, LUCIUS ! ÇA VA BIEN SE PASSER !
TU METTRAS TA FEMME SUR TON CHEVAL ET VOUS RENTREREZ ENSEMBLE ! J'EN SUIS SÛR !
...
ET PUIS N'OUBLIE PAS QUE TU PORTES CE TALISMAN !
LIVIA !!!
LUCIUS ?!
TAP

JE TE VOIS ENFIN, LIVIA !!!
POU... POURQUOI ES-TU VENU ? QUE VEUX-TU ?
RENTRE À ROME AVEC MOI, LIVIA !
J'AI EU TORT DE NE PENSER QU'À MON TRAVAIL !!!
PARDONNE-MOI DE T'AVOIR FAIT ENDURER TOUT ÇA !!!
TU ME RÉTORQUERAS PEUT-ÊTRE QUE J'AI BEAU JEU DE TE DIRE ÇA ALORS QUE J'AI ÉTÉ ABSENT TROIS LONGUES ANNÉES, MAIS ...
TU LIS DANS MES PENSÉES.
AUJOURD'HUI, JE SUIS CERTAIN DE POUVOIR TE SATISFAIRE ! JE TE COMBLERAI !
JE PEUX TE DONNER AUTANT D'ENFANTS QUE TU VOUDRAS !
PAF
TOUT... TOUT JUSTE ! JE T'ASSURE QUE TOUT MARCHE PARFAITEMENT !
MARCUS, QUI M'ACCOMPAGNE, PEUT EN TÉMOIGNER !
N'EST-CE PAS, MARCUS ?
MAIS TU ES AUJOURD'HUI L'AMANT DE L'EMPEREUR HADRIEN, NON ?
QUOI ?!
ON NE PARLE QUE DE ÇA...

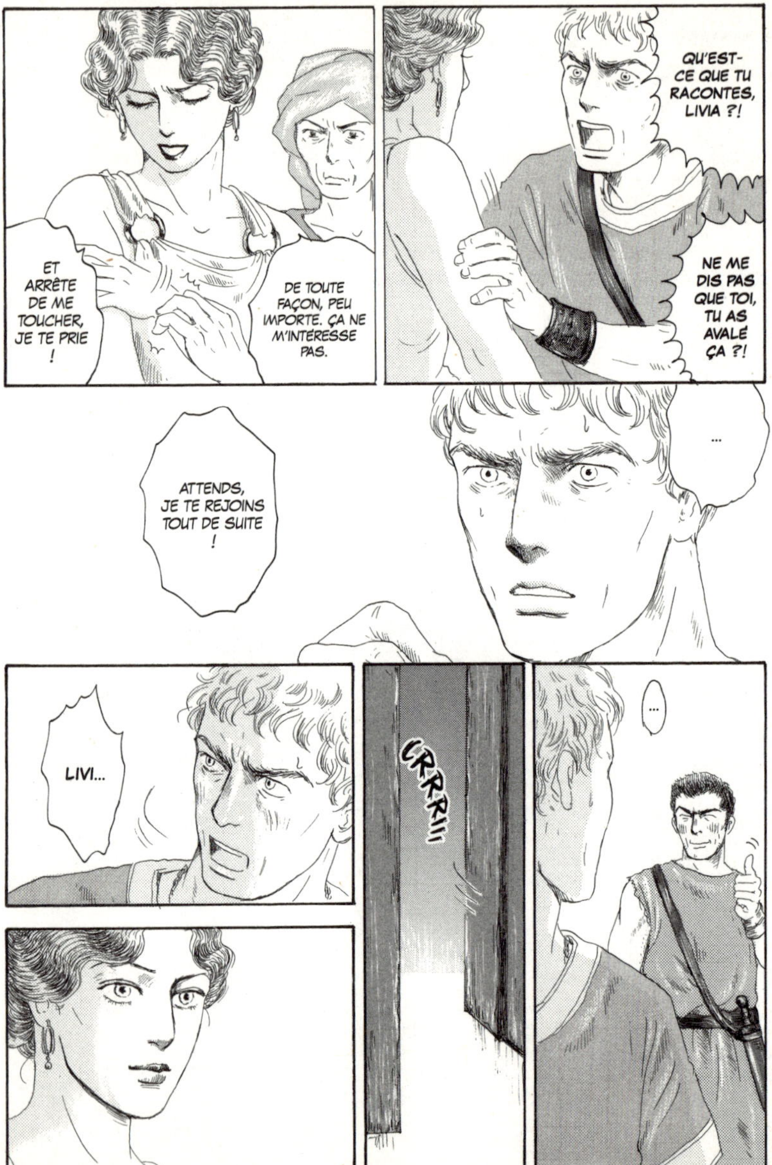
ET ARRÊTE DE ME TOUCHER, JE TE PRIE !
DE TOUTE FAÇON, PEU IMPORTE. ÇA NE M'INTÉRESSE PAS.
QU'EST-CE QUE TU RACONTES, LIVIA ?!
NE ME DIS PAS QUE TOI, TU AS AVALÉ ÇA ?!
...
ATTENDS, JE TE REJOINS TOUT DE SUITE !
LIVI...
CRRRIII
...

* NDA : c'est Auguste, le premier empereur, qui institua le crime d'adultère, interdisant ainsi aux femmes l'acte sexuel avec un autre homme que leur mari. En réaction, les femmes mariées concernées se déclarèrent massivement prostituées, cette catégorie de métier n'étant pas visée par la loi en question. Redoutables Romaines !

ROME & LES BAINS, MES DEUX AMOURS

Ce chapitre qui ouvre le deuxième tome de *Thermae Romae* est le premier paru dans le magazine *Comic Beam* quand la série a adopté un rythme mensuel de prépublication.
De nombreuses personnes qui, après avoir lu le premier tome relié, ont lu ce chapitre lors de sa prépublication, m'ont fait part de réactions où le trouble, pour ne pas dire le désarroi, était palpable : « Pourquoi abordez-vous soudain des thèmes qui vont intéresser bien moins de lecteurs ? »

Je répondrai simplement que je m'étais promis de traiter de ce sujet à un moment ou un autre de l'histoire alors même que je venais de commencer à dessiner *Thermae Romae*, et que depuis lors, cette idée a fait son chemin, pour finalement aboutir à ce chapitre. Avant que la pensée occidentale n'infiltre tous les aspects de notre existence, nous autres Japonais acceptions tout naturellement l'idée d'un culte du phallus comme célébration de la fécondité.

Ce culte demeure vivace aujourd'hui encore dans certaines parties du Japon. Comme certains d'entre vous le savent sans doute, dans de nombreuses stations thermales, par exemple, on pratique toujours les rituels associés à cette croyance. Peut-être est-ce parce que depuis l'Antiquité, le spectacle d'une source d'eau chaude qui jaillit de la terre fait invariablement naître en nous une image de la maternité. Si un Romain vivant à l'époque où le christianisme ne s'était pas encore répandu – notre cher Lucius, par exemple – était témoin de ces rites, il y a fort à parier qu'il ne les jugerait ni obscènes ni pervers. Il serait au contraire sensible à la dimension sacrée de ces pratiques qui, dans la Rome antique également, constituaient une célébration symbolique et propitiatoire de la fécondité.

Comme dans la Rome antique, le polythéisme a cours au Japon. Mais depuis la Seconde Guerre mondiale, une pensée fortement teintée d'Occident s'y est enracinée. Pour tout ce qui a trait au sexe, notamment, les notions de doute et de culpabilité, dans leur acception chrétienne, ont fait

DIVERS TYPES DE TINTINNABULUM EXHUMÉS LORS DE FOUILLES (Naples, Italie).

BAS-RELIEF SUR LE MUR D'UNE DEMEURE À POMPÉI.

leur chemin dans notre esprit. Dès lors, le culte du phallus, avant même d'évoquer les concepts de fertilité et de fécondité qu'il célèbre à l'origine, a été considéré comme « un truc comique » ou « drôle », et les rites qui y sont associés ont été perçus comme une sorte de coutume typiquement japonaise et exotique à la fois.

Dans la Rome antique, les représentations de phallus, tel le tintinnabulum que vous avez pu voir dans ce chapitre, se trouvaient partout. Le site de Pompéi en regorge, qu'il s'agisse de statues de Priape, le dieu de la fécondité, d'amulettes ou encore de fresques. On imagine ainsi l'importance du symbole pour les Romains. Par la suite, avec l'implantation du christianisme dans l'Empire, ces diverses représentations, de même que les thermes où l'on pouvait se baigner entièrement nu, ont progressivement disparu. Toutefois, aujourd'hui encore, si vous allez à Naples, vous ne manquerez pas de voir qu'on y vend des amulettes en forme de piment rouge. Ce piment (qui selon certains serait plutôt une corne) est en fait l'apparence qu'a adoptée le phallus de la période romaine. Si la forme a un peu évolué, il n'en demeure pas moins que deux mille ans après, certaines croyances de la Rome antique ont toujours cours.

D'après mon mari, qui est italien, si *Thermae Romae* emporte l'adhésion de tant de lecteurs, c'est peut-être parce que j'ai dessiné un « symbole de la fertilité » sur la couverture du premier tome. Toujours selon lui, et à sa grande joie, ce doit être le symbole de ce genre le plus exposé au regard des Japonais. Peut-être a-t-il raison... Il n'empêche que lorsqu'il montre cet album aux gens, il fait glisser le bandeau promotionnel jusqu'à mi-hauteur de la couverture afin de cacher la chose en question...

AMULETTE QU'ON TROUVE AUJOURD'HUI À NAPLES.

PRIAPE.

* NDA : la valeur qu'on pourrait donner aujourd'hui à 1 as dépend des critères sur lesquels on se fonde, mais grosso modo, 1 as vaut un peu moins de 1 €.

PFIOU
FLOTCH
PLOTCH
CRRR
CRRR
MAÎTRE MODESTUS !
TCHOP
TCHOP
TCHOP

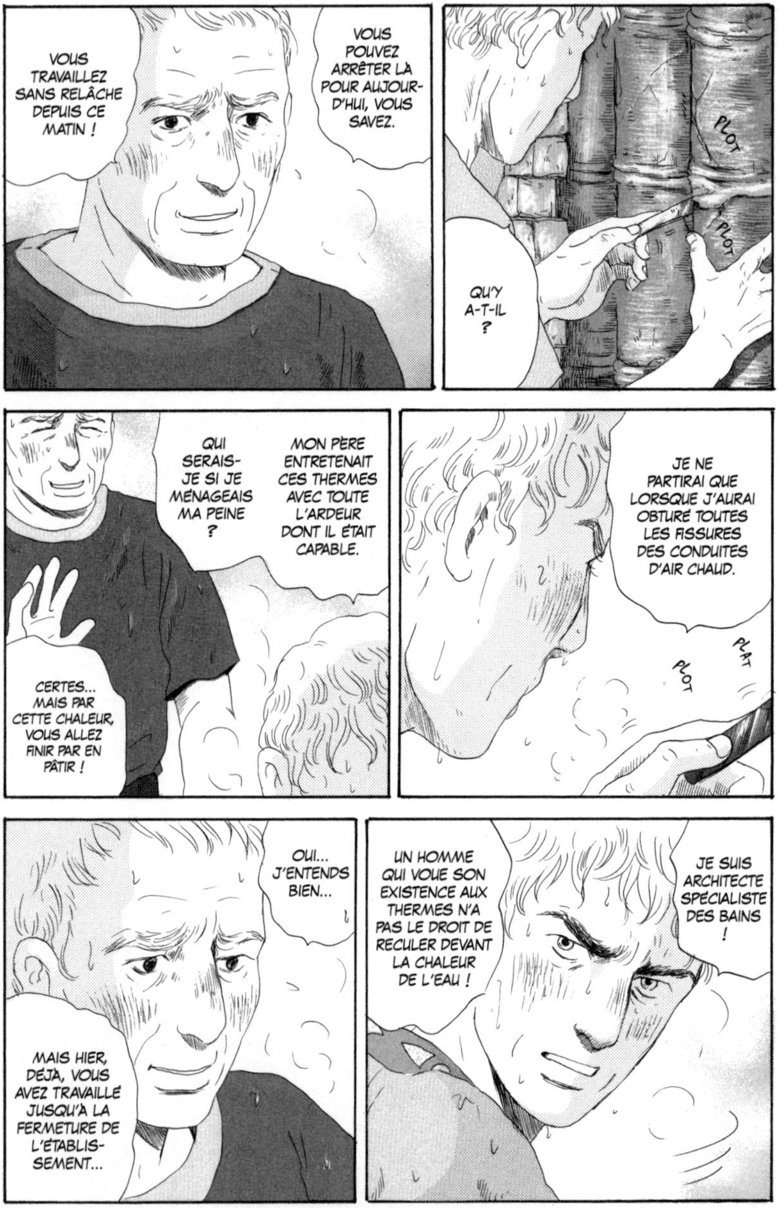

VOUS TRAVAILLEZ SANS RELÂCHE DEPUIS CE MATIN !
VOUS POUVEZ ARRÊTER LÀ POUR AUJOURD'HUI, VOUS SAVEZ.
PLOT
PLOT
QU'Y A-T-IL ?
MON PÈRE ENTRETENAIT CES THERMES AVEC TOUTE L'ARDEUR DONT IL ÉTAIT CAPABLE.
QUI SERAIS-JE SI JE MÉNAGEAIS MA PEINE ?
CERTES... MAIS PAR CETTE CHALEUR, VOUS ALLEZ FINIR PAR EN PÂTIR !
JE NE PARTIRAI QUE LORSQUE J'AURAI OBTURÉ TOUTES LES FISSURES DES CONDUITES D'AIR CHAUD.
PLAT
PLOT
OUI... J'ENTENDS BIEN...
MAIS HIER, DÉJÀ, VOUS AVEZ TRAVAILLÉ JUSQU'À LA FERMETURE DE L'ÉTABLISSEMENT...
JE SUIS ARCHITECTE SPÉCIALISTE DES BAINS !
UN HOMME QUI VOUE SON EXISTENCE AUX THERMES N'A PAS LE DROIT DE RECULER DEVANT LA CHALEUR DE L'EAU !

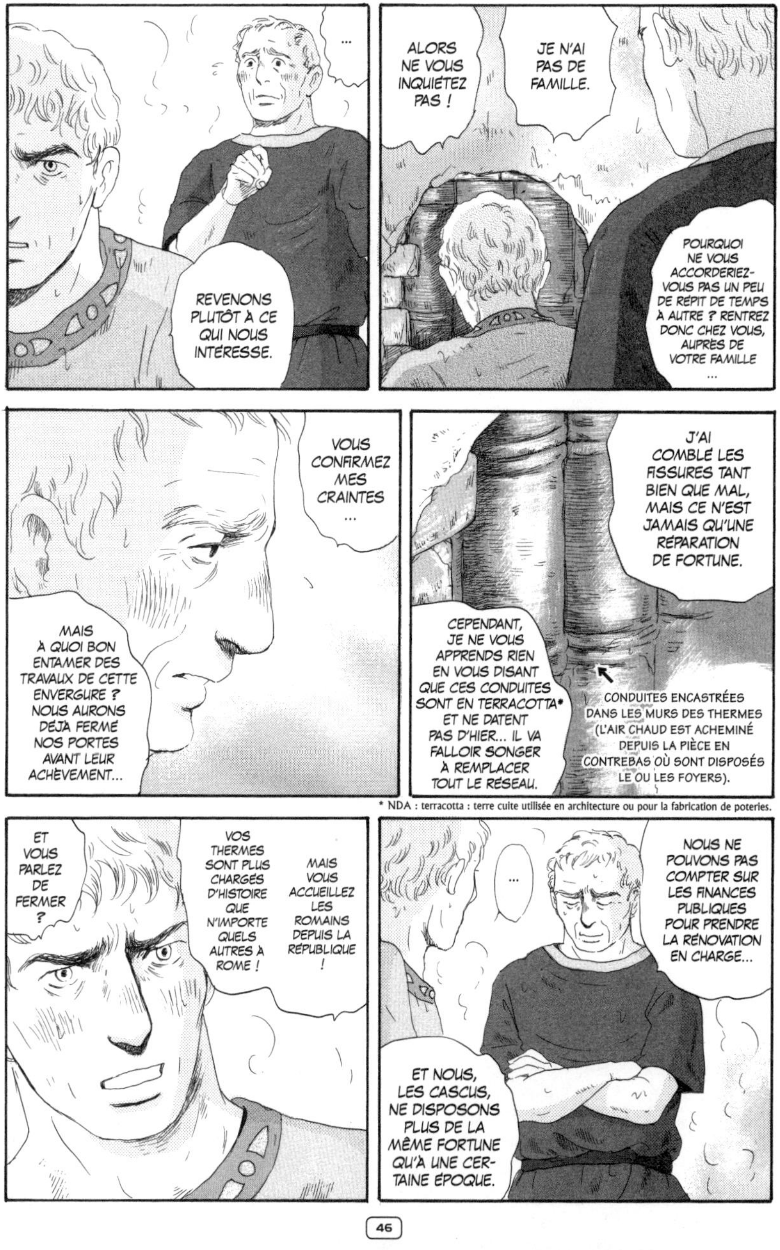

* NDA : terracotta : terre cuite utilisée en architecture ou pour la fabrication de poteries.

IL Y A ENCORE DES GENS QUI PRISENT L'ATMOSPHÈRE DE CET ENDROIT ...
VOYEZ VOUS-MÊME.
...
ILS SONT PEU NOMBREUX, MALHEUREU-SEMENT.
LES SEULES DÉPENSES OCCASIONNÉES PAR L'APPROVI-SIONNEMENT EN EAU OU L'ENTRETIEN DES ESCLAVES ENGLOUTISSENT LARGEMENT PLUS QUE NOS RECETTES...
ET COMME SI ÇA NE SUFFISAIT PAS, DEPUIS QUELQUE TEMPS, NOUS DEVONS FAIRE FACE À UN AUTRE PROBLÈME, TOUT AUSSI GRAVE SINON PLUS.
UN AUTRE PROBLÈME ?
LA RAISON PRINCIPALE DE LA BAISSE DE FRÉQUENTATION DE NOTRE ÉTABLISSEMENT ...
... C'EST L'ARRIVÉE DE CETTE HORDE.
CETTE HORDE ?
MOUAH HA HA HA! GAAAAH HA HA!
PLITCH
PLITCH
BWAH HA HA !
HYA HYA HA !
SPLOTCH
SPLOTCH
SPLOTCH

...
VROV
HA HA HA
HAAA !
SPLATCH
MOUAH HA HA !!!
MOUAH HA HA !
QU'EST-CE QUE ...
ILS APPARTE-NAIENT AUX TROUPES AUXILIAIRES RECRUTÉES PAR L'EMPIRE EN GERMANIE.
HMPF !
APRÈS 25 ANNÉES DE SERVICE, ILS SE SONT VU ACCORDER LA CITOYENNETÉ ...
... ET ALLEZ SAVOIR AU TERME DE QUELLES PÉRÉGRINATIONS, ILS SE SONT ÉTABLIS DANS LES ENVIRONS.

SPLASH
OUAA-AAAH !!!
... QUAND VOUS VOYEZ QUELS SPÉCIMENS SE SONT MIS À LE FRÉQUENTER !
AUSSI CHARGÉ D'HISTOIRE SOIT-IL, COMMENT VOULEZ-VOUS QUE NOTRE ÉTABLISSEMENT NE SOIT PAS DÉLAISSÉ PAR LES ROMAINS ...
GWAH HAHAHAHA
QUELLE... QUELLE VULGARITÉ ...
ILS ENTRENT DANS LE BASSIN AVEC LEURS VÊTEMENTS SUR LE DOS...
ILS VONT PARFOIS JUSQU'À LES Y LAVER...
VOUS EN VERREZ MÊME CERTAINS ...
... QUI S'Y DÉCRAS-SENT !
ILS IGNORENT TOUT DES USAGES QUI PRÉVALENT DANS NOS BAINS !!!

AH !
TAP
MAÎTRE MODESTUS ... VOUS N'Y PENSEZ PAS !
...
JE N'OSE PAS IMAGINER COMMENT ILS ME RECEVRONT SI JE ME PERMETS D'ALLER LES RAPPELER À L'ORDRE...
N'EN FAITES RIEN, MAÎTRE MODESTUS !!!
CE SERAIT EN PURE PERTE, COMPRENEZ-LE !
... ?!
GULP GULP
VOUS AUTRES !!!

VOUS QUI LAVEZ VOS VÊTEMENTS ET RACLEZ VOTRE CRASSE DANS LE BASSIN !
VOUS FAITES UN USAGE TOTALEMENT INAPPROPRIÉ DE L'EAU DES THERMES !
ELLE N'EST PAS LÀ POUR QUE VOUS VOUS Y LAVIEZ OU Y FASSIEZ VOTRE LESSIVE !
SI VOUS REFUSEZ DE LE COMPRENDRE, PARTEZ IMMÉDIATEMENT !!!
...
SPLOTCH
NOUS SOMMES DES CITOYENS ROMAINS.
NOUS SOMMES DONC LIBRES DE NOS ACTES, ENTENDU ?
...

...
SEULS SONT LIBRES DE LEURS ACTES CEUX QUI ONT LA FIERTÉ ET LA DIGNITÉ ROMAINES CHEVILLÉES AU CŒUR !
MAÎTRE MODESTUS... RESTONS-EN LÀ...
NON ...
NON ...
DE QUEL DROIT VOUS PRÉTENDEZ-VOUS CITOYENS SI VOUS IGNOREZ JUSQU'AUX USAGES EN VIGUEUR DANS LES THERMES ?
CHIEN ...
GRMPF

FRAPPE-MOI SI CELA PEUT T'AIDER À TE CALMER, PUIS DISPARAIS !
GNOC
AAAH !!!
QU'EST-CE QUE JE DISAIS ...
... OUH
SPLOUF
MAÎTRE MODESTUS !

* NDT : BRIOCHES THERMALES.

** NDT : BAINS.

MISÉ-
RABLE
...
HAA
HAA
HAA
PSSSHHH
PLATCH
ÇA Y EST, TU ES SATISFAIT ?
HAA
ALORS MAINTENANT, TOI ET TES CONGÉNÈRES, PARTEZ ET NE REVENEZ PLUS IMPORTUNER CEUX QUI VIENNENT SE DÉTENDRE ICI !!!

* NDT : SOL GLISSANT.

...
HMM ...
ME RETROUVER EN PRÉSENCE DE VISAGES PLATS A UN EFFET RASSÉRÉNANT ...
PSSSHHH
POC
GNNN
... ESSORE FERMEMENT LE MORCEAU DE TISSU AVEC LEQUEL IL S'EST FROTTÉ TOUT LE CORPS...
FLATCH
... S'ASPERGE CONSCIENCIEU-SEMENT D'EAU CHAUDE AU MOYEN D'UN BAQUET...
FRRR
FRRR
FRRR
ILS SONT PEUT-ÊTRE PLUS AVIDES DE PROPRETÉ QUE LES ROMAINS EUX-MÊMES.
AVANT DE S'IMMERGER DANS L'EAU DU BASSIN, CET HOMME SE LAVE SCRUPU-LEUSEMENT ...

... PUIS SE LE POSE SUR LA TÊTE...
HOP LÀ ...
... ET ENFIN ENTRE DOUCEMENT DANS L'EAU BRÛLANTE.
...
LÀ, SON CORPS ET SON CŒUR S'ABANDONNENT COMPLÈTEMENT ...
PFIOU...
LE DÉLASSEMENT QUE PEUVENT PROCURER LES BAINS...
OH, IL N'Y A QUE DEUX PERSONNES, AUJOURD'HUI !
ON A BIEN CHOISI NOTRE MOMENT !
... DÉPEND LARGEMENT DE L'ATTITUDE DES PERSONNES AVEC LESQUELLES ON PARTAGE LE BASSIN.
CES VISAGES PLATS QUI OFFRENT LEUR CORPS ET LEUR ESPRIT À L'EAU...
PLITCH
... Y A-T-IL MEILLEURE COMPAGNIE LORSQU'ON SAVOURE UN BAIN ?
LA PERFECTION !!!

SI LES PEUPLES DE TOUTES LES PROVINCES DE L'EMPIRE LEUR RESSEMBLAIENT ...
CETTE EAU, CHAQUE FOIS QU'ON S'Y TREMPE, ELLE VOUS PÉNÈTRE JUSQU'À LA MOELLE...
... QUAND BIEN MÊME NOUS REPOUSSERIONS NOS FRONTIÈRES TOUJOURS PLUS LOIN, LA PAX ROMANA SERAIT ASSURÉE !
ILS COMPRENDRAIENT L'ESPRIT ROMAIN À TRAVERS LA PRATIQUE DU BAIN...
CRRR
MOUAH HA HA !
GWAH HA HA
HYA HA HA
DOM DOM DOM
ENFER !!!
LES GERMAINS ?!

... !!!
SPLOUF
Yaaaaah !!!
HOP
PFOUAH
Merci !
HUILE DE CRIN DE CHEVAL
TOP
Je te passe...
... le savon ?
HUILE CRIN DE CHEVAL
HUILE DE CRIN DE CHEVAL
!!!
FRRR
FRRR

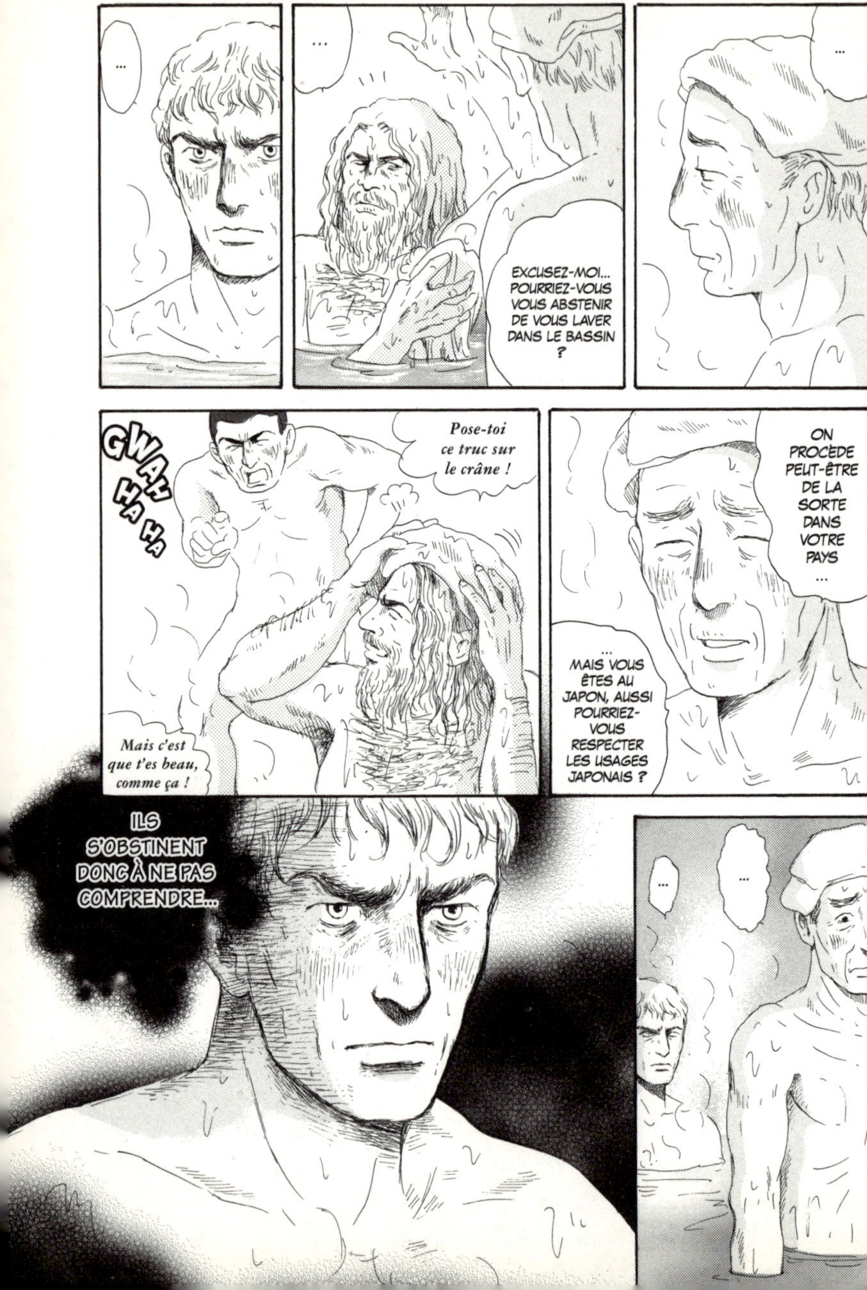

...
EXCUSEZ-MOI... POURRIEZ-VOUS VOUS ABSTENIR DE VOUS LAVER DANS LE BASSIN ?
...
...
ON PROCÈDE PEUT-ÊTRE DE LA SORTE DANS VOTRE PAYS ...
... MAIS VOUS ÊTES AU JAPON, AUSSI POURRIEZ-VOUS RESPECTER LES USAGES JAPONAIS ?
Pose-toi ce truc sur le crâne !
GWAH HA HA
Mais c'est que t'es beau, comme ça !
...
...
ILS S'OBSTINENT DONC À NE PAS COMPRENDRE...

... ?
UBINAM VOS ESSE PUTATIS ?!
OÙ VOUS CROYEZ-VOUS ?!
CONFUSIONEM CAUSARE DESINITE !
ALLEZ-VOUS CESSER ?!
SPLATCH
Je pige que dalle à ce que tu dis...
VOS GERITE URBANE !
QUAND VOUS DÉCIDEREZ-VOUS À APPRENDRE LES BONNES MANIÈRES ?!
PAF

Compris ?
Nous cherche pas !!!
HA HA HA
SPLOUF
...
Ça a pas l'air dégueu...
HA HA HA
BON... JE VAIS APPELER QUELQU'UN.
ILS VONT ME PAYER ÇA !!!
GLOB
ZAPRURU
Tiens, siffle-moi ça !
ÇA COMMENCE À SENTIR LE ROUSSI, NON ?
L'AUTRE ÉTRANGER, IL EST POLI, MAIS LES AUTRES ...
OUI ...

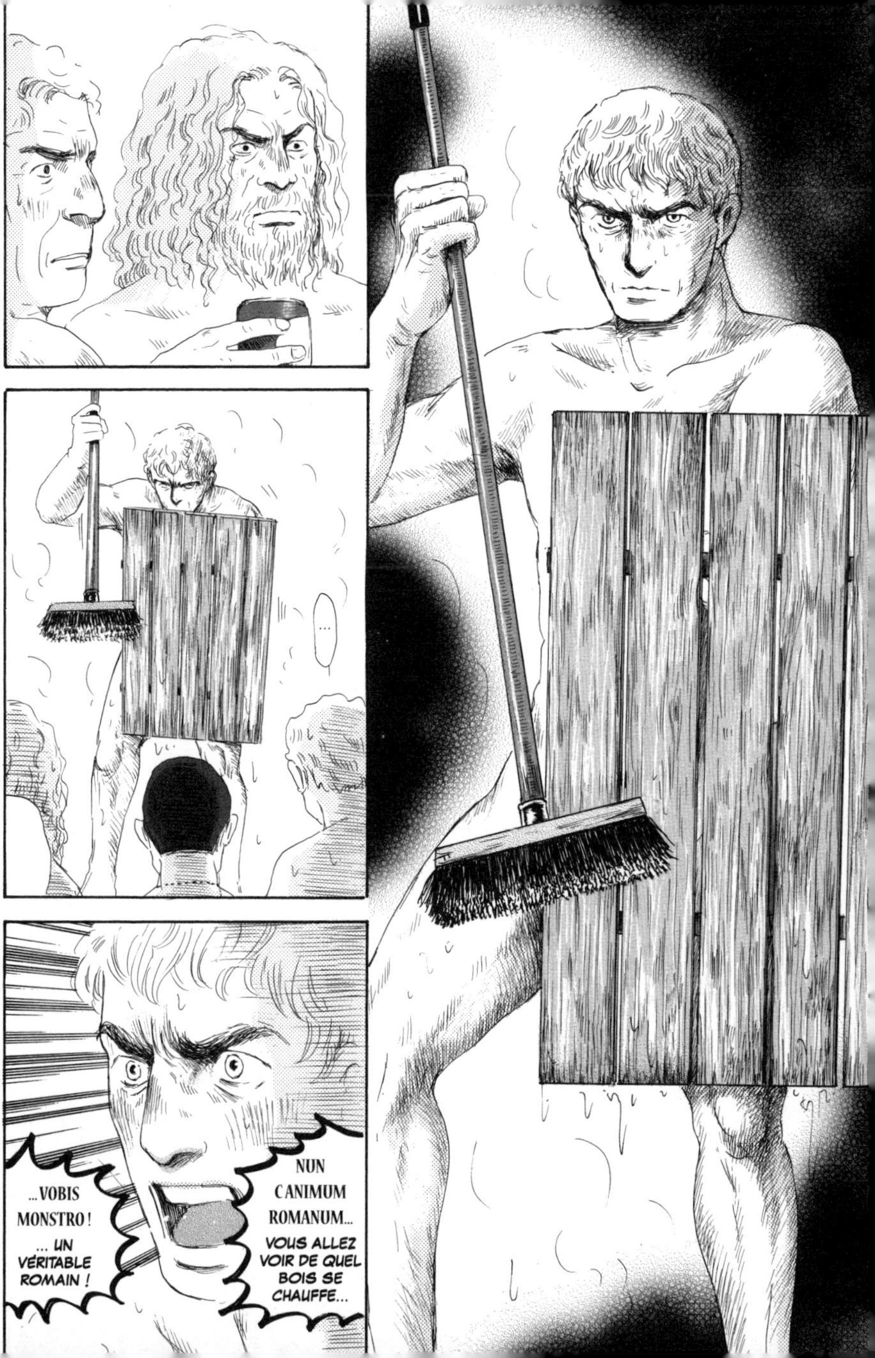
...
NUN CANIMUM ROMANUM... VOUS ALLEZ VOIR DE QUEL BOIS SE CHAUFFE...
...VOBIS MONSTRO ! ... UN VÉRITABLE ROMAIN !

...
?!
BRAF
Gggh ...
AÏE...
PONK
GARDONS CES LIEUX PROPRES !
AH... PARFAIT, EN VOILA UN AUTRE !
...
UN INSTANT ! S'IL N'Y A QUE MOI QUI SUIS ARMÉ, JE MANQUE À TOUS LES USAGES DU COMBAT SINGULIER !

NYARK
ACCIPE !
PRENDS !
VLAF
...
Merci !
QUE... QUELLE EST CETTE POSITION ?!
TOC
AH !

Mange ça !
ZWISH
!!!
...
CE N'EST PAS LE PREMIER BARBARE VENU !!!
...
IL ÉTAIT PEUT-ÊTRE MEMBRE D'UNE UNITÉ D'ÉLITE !
Approche !
HA HA HA HA
Il en a pas l'air, comme ça, mais Vladimir a défendu les couleurs de Vladivostok au championnat national russe d'escrime, c'est pas rien !
CATAS-TROPHE
Alors si ce gars arrive à faire jeu égal avec lui, c'est que c'est pas n'importe qui ...
HÉ HÉ

PFFF
ZWISH
HMM... IL SE MOQUE OUVERTEMENT DE MOI...
HAA HAA
... !!!
MAIS ON NE RAILLE PAS IMPUNÉMENT L'ARMÉE ROMAINE !
GNOC
...

HOOOOOOOWG
CUI CUI
5 MINUTES PLUS TARD
POC
PAC
... ON A TRÈS RAPIDEMENT LE SOUFFLE COUPÉ...
À SE BATTRE DANS L'EAU BRÛLANTE ...
HAA
HAA
HAAA
HAAA
HAAA
HMM ?
LUI AUSSI TRANSPIRE BEAUCOUP.
HAA
HA

IL VA ENTRER DANS LE BASSIN ?!
TAP
DIR-VIVRE DU BAIGNEUR
LÀ, SUR LE MUR ...
EXPECTA !
ATTENDS !
POF
LENTE !
PAS SI VITE !
LE SAVOIR-VIVRE DU BAIGNEUR
NI CALEÇON NI SLIP !
NO!
LE BASSIN, C'EST APRÈS S'ÊTRE LAVÉ !
NO!
PAS DE SERVIETTE DANS L'EAU !
NO!
ON SE SAVONNE DOUCHE ÉTEINTE !
NO!
ON NE FAIT PAS SA LESSIVE !
NO!
UNE FOIS SORTI, ON S'ESSUIE BIEN !
NO!

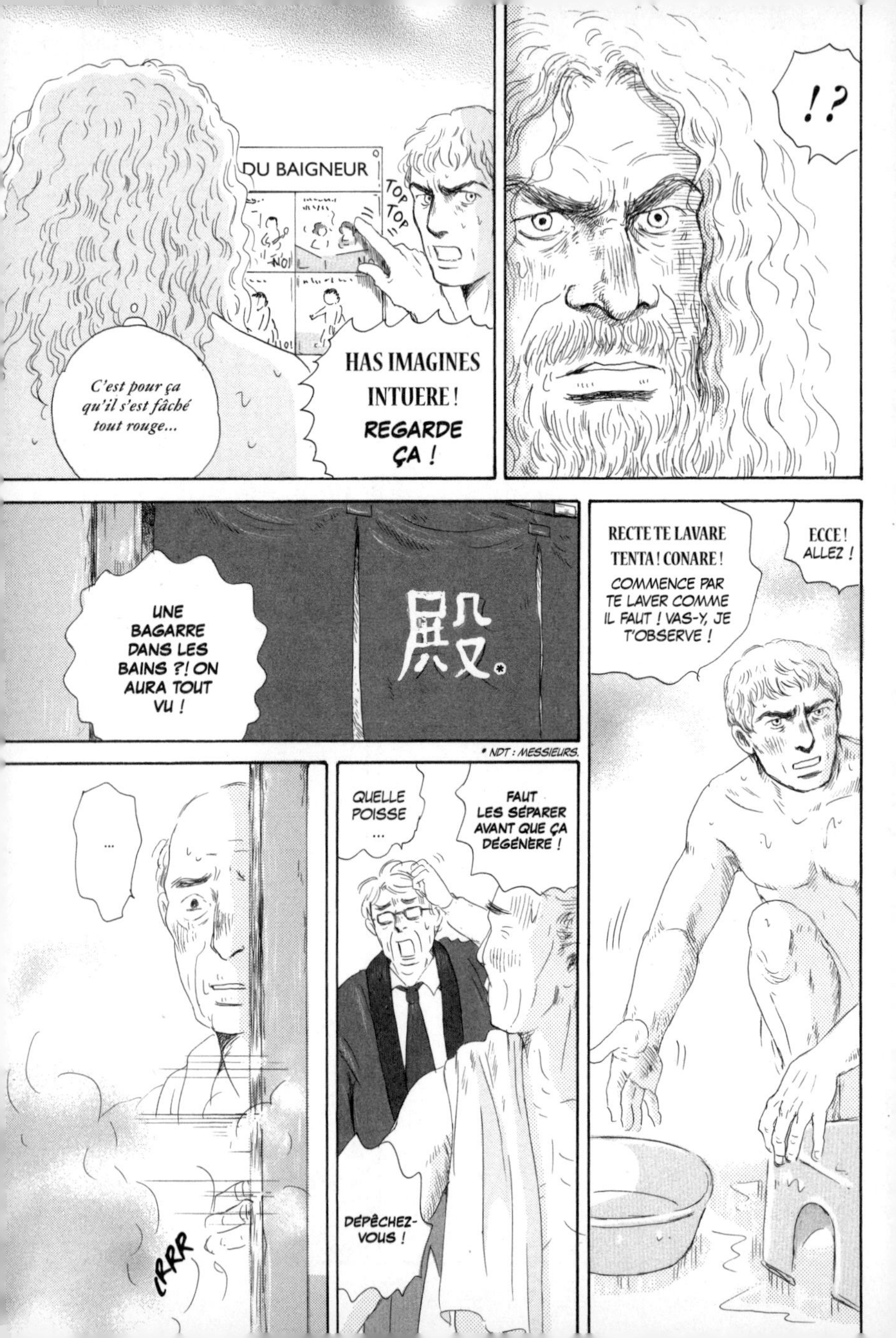

* NDT : MESSIEURS.

MAIS QU'EST-CE QUE VOUS ME CHANTEZ ? ILS SE BAIGNENT DANS LA BONNE HUMEUR, SANS FAIRE D'HISTOIRE !
HEIN ?
FRRR FRRR FRRR
CE N'EST PAS UNE BAGARRE, C'EST UN COM-PORTEMENT EXEMPLAIRE !
LEUR SERVIETTE SUR LA TÊTE, COMME IL FAUT...

... QUE CETTE EAU EST LÀ POUR PURIFIER LE CORPS ET L'ESPRIT, PAS POUR QU'ON SE LAVE AVEC.
JE SUIS HEUREUX QU'ILS AIENT FINI PAR COMPRENDRE ...
PLITCH
LA SATISFACTION DU DEVOIR ACCOMPLI...
... LES VISAGES PLATS ONT EU L'INGÉNIOSITÉ DE CONSIGNER SUR LE MUR LA FAÇON APPROPRIÉE DE SE BAIGNER.
JE M'ATTENDAIS AU PIRE...
AFFAIRE CLASSÉE !
EH BEN ...
CONFRONTÉS AU MÊME PROBLÈME QUE LES ROMAINS...
REDOUTABLES, VRAIMENT, CES VISAGES PLATS ...
ILS SONT REDOUTABLES... JE DÉSESPÈRE DE POUVOIR LES SURPASSER UN JOUR. TOUS LES EFFORTS DU MONDE N'Y SUFFIRONT PAS...
AH...
C'EST ENTIÈREMENT GRÂCE À VOUS, MAÎTRE MODESTUS !

NOUS N'ALLONS PAS ÊTRE CONTRAINTS DE FERMER TOUT DE SUITE...
...
MERVEILLES QUE CES BAS-RELIEFS RÉALISÉS À VOTRE DEMANDE PAR VOTRE AMI SCULPTEUR !
QUELLE JUDICIEUSE IDÉE D'INDIQUER DE MANIÈRE IMAGÉE AUX CLIENTS LES DIFFÉRENTES ÉTAPES DU BAIN !
REGARDEZ-LES ! ILS ONT PARFAITEMENT ADOPTÉ LES USAGES ROMAINS...
...
OUAH HA HA
AH BON... VOUS ÉTIEZ AUXILIAIRES DANS LA SEPTIÈME LÉGION DE GEMINA...
PENDANT 25 ANS, JE ME SUIS BATTU POUR L'EMPIRE. J'AIME LES FEMMES ROMAINES.
DONC JE SUIS VENU À ROME.
HA HA HA !

POUR MA PART J'AI ENCORE APPRIS AU CONTACT DES VISAGES PLATS.
...
QUOI QU'IL ADVIENNE, IL NE FAUT JAMAIS BAISSER LES BRAS... VOUS M'AVEZ ENSEIGNÉ UNE BIEN BELLE LEÇON.
... QUE POUR PROFITER PLEINEMENT DES THERMES, IL SUFFISAIT D'OBTENIR DE CHACUN QU'IL OBSERVE QUELQUES RÈGLES...
HA HA HA
QUEL FORMIDABLE PAS EN AVANT QUE D'AVOIR COMPRIS...
FIXEZ-LES VITE AU MUR !
MAÎTRE MODESTUS !
AVEC CEUX-LÀ, TU LES AS TOUS LES QUATRE.
... QU'UN BAIN N'APPORTE LA PAIX À L'ESPRIT QU'À LA CONDITION DE SAVOIR ...
... QU'ON PEUT S'Y ABANDONNER EN TOUTE QUIÉTUDE !
SUPERBE ! MERCI INFINIMENT, MARCUS !
VOILÀ LES BAS-RELIEFS POUR LE VESTIAIRE !
LUCIUS !
IL EST BON DE SAVOIR QUE LES VISAGES PLATS EUX AUSSI ONT COMPRIS ...

BRRRR
UN VISITEUR ?
QU'Y A-T-IL ?
VOUS AVEZ UN VISITEUR DEHORS.
LUCIUS MODESTUS ?
OUI, C'EST MOI ...
PARDONNE MA VISITE IMPROMPTUE.
JE SUIS LUCIUS CEIONIUS COMMODUS. L'EMPEREUR EST EN PASSE DE FAIRE DE MOI SON FILS ADOPTIF.
MON PÈRE EST TOMBÉ GRAVEMENT MALADE, IL FAUT QUE TU TE RENDES À TIVOLI TOUTES AFFAIRES CESSANTES !!!
QUOI ?! L'EMPEREUR HADRIEN, GRAVEMENT MALADE ?!

ROME & LES BAINS, MES DEUX AMOURS

Il y a un certain temps déjà, j'ai accompagné, lors de leur voyage de deux semaines à travers le Japon, ma belle-mère et un groupe de ses amies, soit un total de onze *mammas* italiennes. J'ai relaté ce périple dans un de mes manga-essais, mais je le redis ici : ce fut éprouvant.

Pour commencer, ces dames, dédaignant le circuit classique des étrangers en visite au Japon, nous soumirent, à mon mari et moi qui leur servions de guides, des desiderata peu réalistes même pour des Japonais : se baigner dans une source thermale en compagnie de singes, vider une coupe de saké au sommet du mont Fuji, et j'en passe.

Il allait sans dire que pour ces dames dont l'âge moyen devait se trouver entre soixante et soixante-cinq printemps, l'ascension du mont Fuji était chose catégoriquement impossible. Quant à cette histoire de bain avec des singes, j'imagine qu'elles devaient avoir gardé en tête une photographie figurant sur une publicité pour les séjours touristiques au Japon. Il était pourtant évident que c'était irréalisable. Une fois que je leur eus gentiment expliqué que leur voyage ne pourrait être celui qu'elles imaginaient, elles me dirent qu'elles ne renonceraient pas à quelques nuits dans une auberge traditionnelle d'une station thermale.

Mon mari et moi-même les avons ainsi emmenées dans une première auberge puis une deuxième.

Deux ans auparavant, j'avais entendu l'anecdote suivante : dans l'île de Hokkaido, à l'extrême nord de l'archipel, des marins étrangers semaient parfois une telle pagaille dans les établissements thermaux, allant jusqu'à manger et boire dans les bains, que certains patrons avaient accroché à l'entrée de leurs bains une pancarte précisant : « Interdit aux marins étrangers ». Je me suis donc fait fort d'inculquer à mon groupe les règles et usages ainsi que la bienséance en vigueur dans les sources thermales japonaises, en insistant particulièrement sur un point : au Japon, on n'entre pas dans l'eau pour se laver mais pour se détendre.

Malgré cela, comme je m'y attendais, j'en ai trouvé une en maillot de bain sous son yukata, une autre m'a avoué avoir pris un bain dans sa chambre plutôt que dans les grands bains communs de l'auberge car elle n'avait pas osé se montrer dans le plus simple appareil, ou encore une qui, une fois nue, a trouvé l'eau des bains trop chaude à son goût et s'est contentée d'une simple douche.

BAINS PUBLICS JAPONAIS TELS QUE J'AI PU LES VOIR PRÉSENTÉS À L'ÉTRANGER.

Les autres, elles, ont réussi à prendre le bain – le *furo* – dont elles rêvaient tout en respectant les indications que je leur avais données, même si certaines se sont mises à nager la brasse et d'autres, qui avaient apporté leur appareil photo, à immortaliser leurs ablutions et celles de leurs amies alors même que d'autres clientes de l'auberge se baignaient juste à côté. Alors que je m'étais empressée de leur signifier que ce genre de pratique était interdite, l'une d'elles m'a répondu : « En fait, pour vous les Japonais, le bain, c'est un truc zen. »

Absolument personne ne leur imposait pourtant de se baigner dans les règles du zen. Pour ma part, je me suis dit à ce moment-là que les Européens, à la vue d'un endroit vaste où se trouve de l'eau, chaude ou froide, étaient peut-être systématiquement pris d'une envie irrépressible de s'y ébattre et qu'il leur était très difficile voire impossible de rester tranquilles dans l'eau brûlante pour y laver leur fatigue.

En fin de compte, mes touristes semblent avoir malgré tout apprécié à leur manière la façon japonaise « zen » de prendre un bain, puisqu'elles avaient hâte d'être à l'auberge où nous logerions le lendemain, afin de découvrir ses bains. Sur place, j'aurais donné mon royaume pour me baigner seule de mon côté, à un autre moment qu'elles, mais comme j'avais pour mission de les chaperonner, j'ai fixé une heure de rendez-vous et le moment venu, je me suis rendue aux bains communs de l'établissement.

À mon grand étonnement, pas une seule Italienne à l'horizon. J'ai ainsi fini par avoir droit à mon bain toute seule, me disant que ces dames, épuisées par le voyage, avaient dû s'endormir. Alors que je sortais des bains vêtue de mon yukata, j'ai soudain entendu, venant de derrière le rideau où il était inscrit « Messieurs », des voix italiennes enjouées...

Il faut croire que mes *mammas* ont passé un moment agréable dans les bains des hommes.

Au prix de ce qui est, à ma connaissance, la violation de la plus importante des règles qui prévalent dans les bains japonais...

LES RÈGLES À RESPECTER DANS LES BAINS, EN IMAGES.

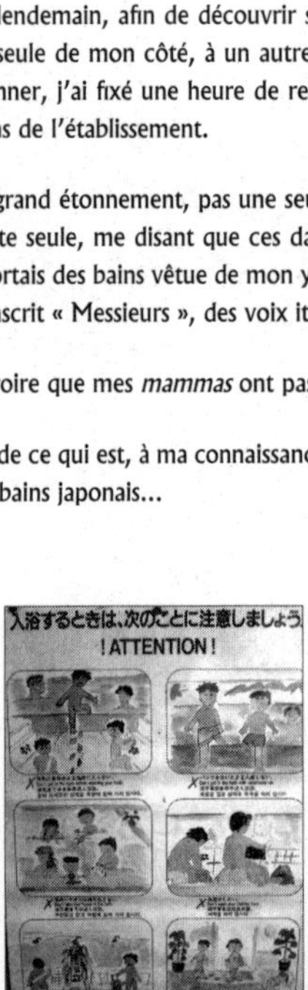

LIVRE À L'USAGE DES NON-JAPONAIS CONSACRÉ À LA PRATIQUE JAPONAISE DU BAIN, ILLUSTRÉ PAR SUEHIRO MARUO.

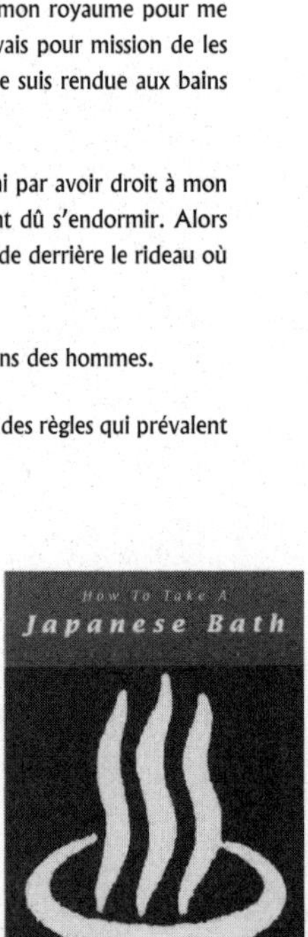

OUAAAAH
OUAAAH
OUAAAH
OUAAAAH
OUAA

OUAAAAH
QU'ILS SE CALMENT ...
OUAAAH
OUAAAH
CRIEUR ...
PARDON ?!
CHAPITRE VIII
OUAAAH
IL FAIT TROP DE BRUIT !
FAIS TAIRE LE PEUPLE SUR-LE-CHAMP !
OUAAAAH
IL SUFFIT, CRIEUR !
JE M'EN CHARGE.
SI JE PUIS ME PERMETTRE, PENSEZ À SA RÉACTION, MAJESTÉ...
RECULE !
...
SUR-LE-CHAMP, MAJESTÉ ?
TU M'AS BIEN COMPRIS !

OUAAAH
OUAAAAAH
...
...
QUOI ?
...
OUA...
...
...
...

CELA ...
... EST LE SOUHAIT DE NOTRE EMPEREUR !
HEIN ?
"CELA" ?
CELA ?
COMMENT ÇA ?
CELA ?
...
DE QUOI IL PARLE ?
BOUAHAHAHAHA
C'EST QUOI, "CELA" ?
HA HA HA HA !
HAHAHA
BOUAHAHAHAHA
....
CEIONIUS ...

* NDA : le pouvoir de l'empereur romain était immense, certes, mais son maintien n'allait pas sans le soutien du peuple, raison pour laquelle tous les monarques sans exception ne regardaient pas à la dépense dès lors qu'il s'agissait de s'attacher les faveurs de la plèbe. Comme l'expression « du pain et des jeux » le laisse entendre, cela passait avant tout par la distribution de nourriture et l'organisation de jeux, tels des combats de gladiateurs dans des arènes. Perdre le soutien du peuple, c'était non seulement perdre son autorité, mais aussi risquer de perdre la vie.

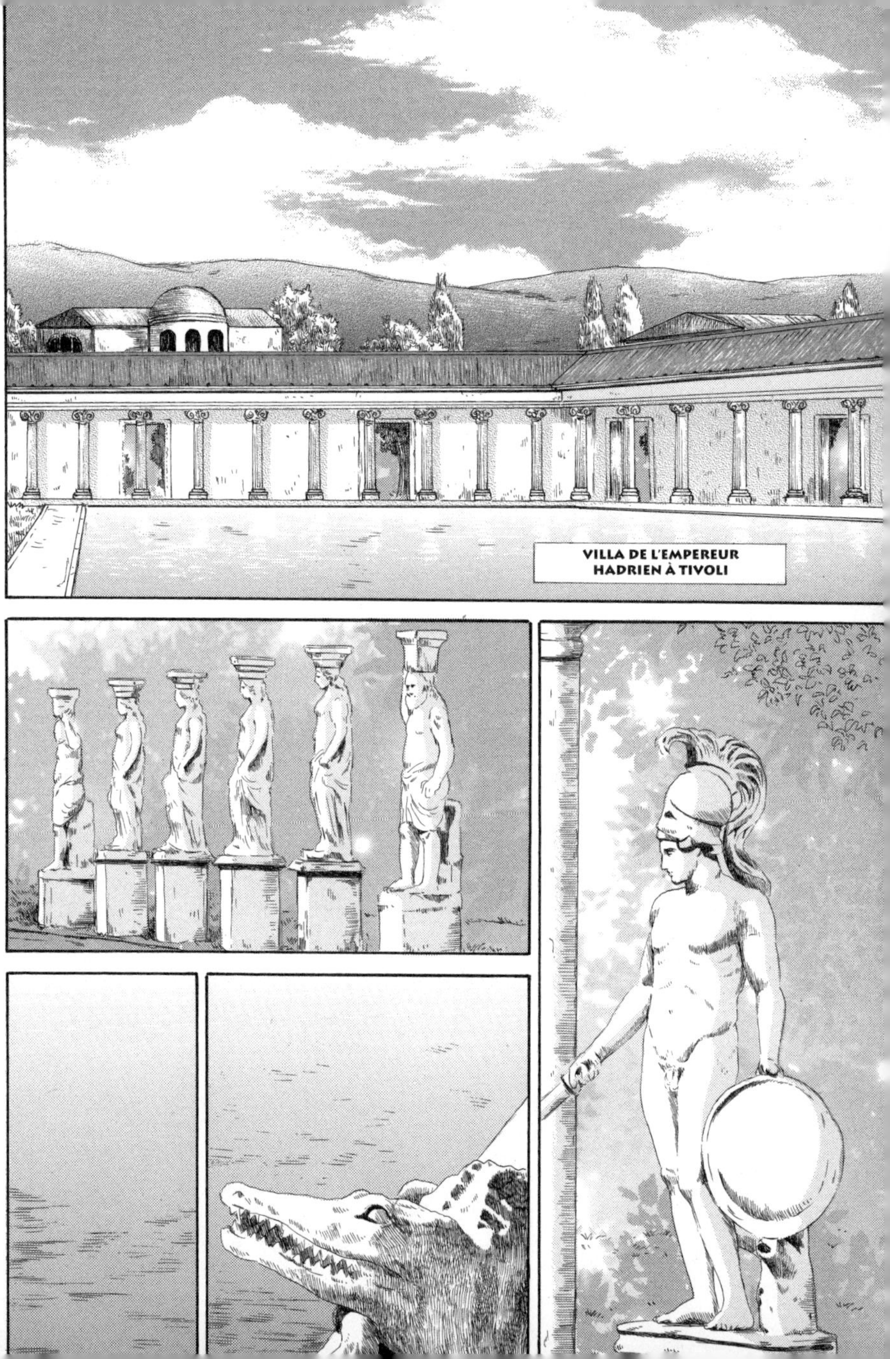
VILLA DE L'EMPEREUR
HADRIEN À TIVOLI

...
J'AI TOUT OUBLIÉ ...
CE CROCODILE QUE NOUS AVIONS VU ENSEMBLE, LA SAVEUR SUCRÉE DE CE FRUIT DONT TU RAFFOLAIS EN ÉGYPTE...
VENEZ VITE !
ANTINOUS ...
LE DIEU PROTECTEUR DU NIL !
REGARDEZ, MAJESTÉ ! UN CROCODILE !
LE VOICI !
PÈRE !
ANTINOUS... TE REVERRAI-JE DANS L'AUTRE MONDE ?
MAJESTÉ. CEIONIUS EST DE RETOUR ...

JE T'ATTENDAIS, CEIONIUS !
TOI AUSSI, LUCIUS !
PARDONNEZ NOTRE RETARD.
SORTIR NE VOUS EST PLUS CONTRE-INDIQUÉ ?
HMM ...
IL FAUT BIEN QUE JE RESPIRE LE GRAND AIR DE TEMPS À AUTRE...
IL Y AVAIT LONGTEMPS, LUCIUS ! COMMENT TE PORTES-TU ?
TRÈS BIEN, MERCI, MAJESTÉ !
JE T'AI PROMIS QUE JE DONNERAIS UN BANQUET EN TON HONNEUR ...
... MAIS JE NE L'AI PAS ENCORE FAIT, PARDONNE-MOI.
NE VOUS SOUCIEZ PAS DE CELA !
DEPUIS QUELQUE TEMPS, JE NE SUPPORTE PLUS LES ENDROITS QUI GROUILLENT DE MONDE...

... FINALEMENT, CE NE SONT QUE DES MEN-SONGES. CET ÉTANG SUPPOSÉ RECRÉER LE NIL N'EST QU'UNE COPIE RIDICULE !
J'AI EU BEAU RECONSTITUER ICI LES LIEUX DONT JE ME SUIS ÉPRIS AU COURS DE MON EXISTENCE ...
MON SEUL DÉSIR EST DE PARTIR EN VOYAGE.
...
LES EAUX DU NIL COULENT MAJESTUEUSEMENT DEPUIS UNE ÉTERNITÉ... LAISSANT PARFOIS APPARAÎTRE DE SUBLIMES CROCODILES, QUI EN SONT LES DIEUX PROTECTEURS...
SUR SES RIVES POUSSENT DES ARBRES À LA PARURE D'UN VERT SPLENDIDE ET AUX BRANCHES CHARGÉES DE FRUITS SUCCULENTS...
SI SEULEMENT JE POUVAIS M'ENIVRER UNE NOUVELLE FOIS AVANT MA MORT DE LA GRANDEUR DE CE FLEUVE TOUT EN ME DÉLECTANT D'UN DE CES FRUITS AU PARFUM ET AU GOÛT INDESCRIPTIBLES...
...
FRSH
MA-JESTÉ ...

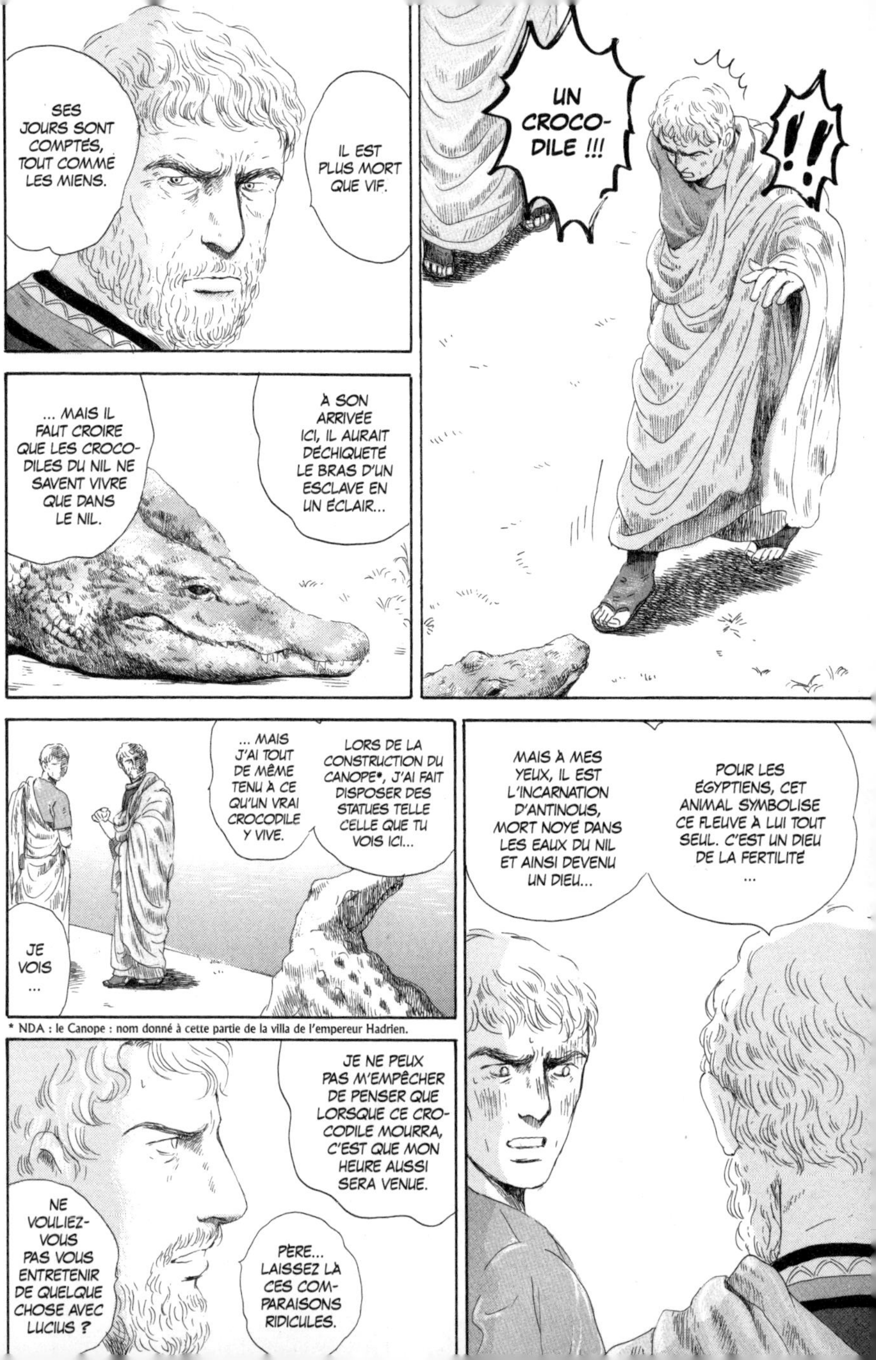

* NDA : le Canope : nom donné à cette partie de la villa de l'empereur Hadrien.

...
EN EFFET... CE N'EST PAS LE MOMENT DE PARLER DES CROCODILES.
PARDON.
LUCIUS. CEIONIUS COMMODUS, AVEC LEQUEL TU ES ARRIVÉ ICI...
... DEVIENDRA MON FILS ADOPTIF LE MOIS PROCHAIN. J'AI ENSUITE L'INTENTION DE LE DÉSIGNER COMME MON SUCCESSEUR.
LE JOUR OÙ IL DEVIENDRA EMPEREUR EST PROBABLEMENT TRÈS PROCHE.
LORSQU'IL ARRIVERA, JE VEUX QUE LA PREMIÈRE MESURE QU'IL PRENNE SOIT LA CONSTRUCTION DE THERMES À L'USAGE DU PEUPLE.
C'EST CELA ! JE VEUX DES THERMES SPLENDIDES, DE L'ESPECE DE CEUX QUI RESTERONT DANS LES ANNALES ...
DES BAINS QUI ÉCLIPSENT CEUX DE TRAJAN OU DES AUTRES EMPEREURS, ET QUI FERONT GAGNER À CEIONIUS LA CONFIANCE INDÉFECTIBLE DU PEUPLE !
J'AIMERAIS QUE CE SOIT TOI QUI TE CHARGES DE LEUR CONCEPTION.
MOI ?
...
J'ENTENDS ÉGALEMENT FAIRE AINSI COMPRENDRE AU SÉNAT QUE J'AI JUDICIEUSEMENT CHOISI MON SUCCESSEUR.
POUR CES DEUX RAISONS, TU DOIS CONCEVOIR DES THERMES QUI RAVIRONT LE CŒUR DE TOUS LES CITOYENS ROMAINS.
...

JE COMPTE SUR TOI, LUCIUS.
JE... JE NE VOUS DÉCEVRAI PAS !
...
UNE DERNIÈRE CHOSE... PUISQUE TU ES ICI, JETTE UN COUP D'ŒIL AU GRAND BASSIN.
DEPUIS QUELQUE TEMPS, IL A L'AIR DE S'ÊTRE DÉTRAQUÉ.
J'Y VAIS TOUT DE SUITE !
CELA FAIT PEINE À VOIR...
IL S'EST AFFAIBLI AU-DELÀ DE TOUT CE QUE J'AURAIS IMAGINÉ...
REGARDEZ OÙ VOUS POSEZ LES PIEDS ...
JE VAIS T'ACCOMPAGNER JUSQU'AU GRAND BASSIN, LUCIUS.
CEIONIUS... SA MAJESTÉ EST-ELLE SI MAL EN POINT ?
JE SERAIS BIEN EN PEINE DE TE LE DIRE !
CE QUE JE SAIS, EN REVANCHE, C'EST QU'IL A BESOIN DE REPOS ...
...
JE FAIS TOUT CE QUE JE PEUX POUR LUI...
... MAIS LE PROBLÈME EST QU'IL A PERDU LA VOLONTÉ DE RETROUVER LA SANTÉ.

...
IL LUI FAUDRA DÉLAISSER QUELQUE TEMPS LES OBLIGATIONS LIÉES À SON TITRE, C'EST UN FAIT.
LA FATIGUE ACCUMULÉE LORS DE L'EXPÉDITION À JÉRUSALEM A DÛ S'ABATTRE SUR LUI D'UN SEUL COUP...
ATTENDS-MOI ICI UN INSTANT.
LUCIUS.
CELA ÉTANT, S'IL PASSE SES JOURNÉES À RESSASSER DES SOUVENIRS DOULOUREUX...
SI C'EST L'EMPEREUR LUI-MÊME QUI L'A CHOISI, IL DOIT ÊTRE DIGNE DE LUI SUCCÉDER...
IL PARAÎT QUE CEIONIUS A SAUVÉ LA FACE DE L'EMPEREUR AU COLISÉE.
JE VIENS DE ME RAPPELER UNE AFFAIRE À RÉGLER ! CE NE DEVRAIT PAS ÊTRE LONG, MAIS SI JE TARDE, NE M'ATTENDS PAS !
AH... ENTENDU ...
C'EST À SON DÉVOUEMENT QUE ROME DOIT LA PROSPÉRITÉ DONT ELLE JOUIT AUJOURD'HUI.
MAIS POUR MA PART, JE SOUHAITE QUE LE RÈGNE D'HADRIEN DURE ENCORE LONGTEMPS.

ALLONS VOIR.
IL EST PEUT-ÊTRE ARRIVÉ QUELQUE CHOSE.
IL EN MET DU TEMPS ...
...
IL S'EST RENDU EN PERSONNE DANS TOUTES LES PROVINCES DE L'EMPIRE, MÊME LES PLUS RECULÉES. JE CRAINS QU'ON NE REVOIE PAS DE SITÔT UN SOUVERAIN DOTÉ D'UN SENS AUSSI AIGU DES RESPONSABILITÉS ET D'UNE TELLE INTELLIGENCE POLITIQUE.
IL A REBROUSSÉ CHEMIN EN GRANDE HÂTE ...
POURVU QUE CE NE SOIT RIEN DE GRAVE...
NON... ARRÊTEZ, S'IL VOUS PLAÎT...
À L'INSTANT OÙ JE T'AI VUE, J'AI JETÉ MON DÉVOLU SUR TOI... LAISSE-TOI DONC FAIRE ...
COMMENT ? MAIS...
?
ET POURQUOI ?

*NDA : de Ceionius, l'Histoire retiendra la beauté et le goût pour les femmes.

PEUX-TU M'APPORTER UNE SPATULE EN MÉTAL OU QUELQUE CHOSE DE RESSEMBLANT ?
TOUT DE SUITE !
J'AI MA PETITE IDÉE SUR LA QUESTION ...
C'EST ICI ?
OUI, LE DÉBIT DE L'EAU N'EST PAS STABLE. PARFOIS MÊME, ELLE NE COULE PLUS...
HMM ...
À CE QU'ON M'A DIT, L'EAU QUI ARRIVE ICI PASSE PAR L'AQUEDUC DE L'ANIO NOVUS.
ELLE DOIT ÊTRE TRÈS CALCAIRE ...
C'EST BIEN ÇA.
LE CALCAIRE S'EST ACCUMULÉ.
FRRR
Y A-T-IL ENCORE DE L'EAU CHAUDE DANS LE RÉSERVOIR ?
OUI, IL EST COMMUN À CE BASSIN ET À CELUI D'À CÔTÉ.
LES PROPRIÉTÉS DE CETTE EAU EXPLIQUENT PEUT-ÊTRE AUSSI LA DÉGRADATION DE LA SANTÉ DU CROCODILE DE L'EMPEREUR ...
SI LES CONDUITS AVAIENT ÉTÉ RÉGULIÈREMENT ENTRETENUS, ON N'EN SERAIT PAS LÀ ...
C'EST SANS AUCUN DOUTE L'ABSENCE DE L'EMPEREUR QUI A ENTRAÎNÉ CE RELÂCHEMENT.
CELA CONVIENDRA-T-IL, MAÎTRE LUCIUS ?

* NDA : Ceionius était beau et lubrique, mais aussi de faible constitution.

COMMENT FAIRE RETROUVER ...
... SA VITALITÉ À L'EMPEREUR ?
Y A-T-IL QUELQUE CHOSE QUE MOI, MODESTE ARCHITECTE, JE PUISSE FAIRE ?
QUELQUE CHOSE ...
VOYONS... SI JE LUI FAISAIS CONSTRUIRE DES BAINS À L'IMAGE DU NIL ?
...
L'EMMENER JUSQU'EN ÉGYPTE, C'EST IMPENSABLE, MAIS RECONSTITUER L'EXPÉRIENCE D'UNE BAIGNADE DANS LES EAUX DU NIL, ÇA, CE N'EST PAS IMPOSSIBLE ...
OUI... ET DANS CES BAINS NAGERAIT CE CHER VIEUX CROCODILE !
CE SYMBOLE DU NIL AUQUEL S'EST ATTACHÉ L'EMPEREUR !
SAUF QU'ON NE POURRAIT PAS LE LAISSER LIBRE D'ALLER OÙ BON LUI SEMBLE ...
COMMENT FAIRE ?
RESTE À SAVOIR...
... COMMENT JE M'Y PRENDRAI CONCRÈTEMENT, MOI QUI N'AI JAMAIS VU LE NIL !
...
MAIS IL FAUT QUE JE TROUVE QUELQUE CHOSE !
MAÎTRE LUCIUS, J'AI FAIT COULER L'EAU !
ENTENDU !
AH, VOILÀ L'EAU !
PSSHHH

JE DOIS TROUVER UNE SOLUTION POUR LE CROCODILE ...
SPLASH
SPLOT
AAAH, MAÎTRE LUCIUS !
HAA ...
HAA ...
HAA ...
FLOTCH
HAA... JE ME SUIS LAISSÉ SURPRENDRE ! HA HA HA....
HAA ...
JE NE PENSAIS PAS...
... QUE L'EAU JAILLIRAIT AVEC UNE TELLE FORCE...
BLOP
BLOP
?!

LE CROCODILE DE L'EMPEREUR S'EST INTRODUIT DANS LE BASSIN !
HÉ ! SONNEZ L'ALERTE !
…
?!
…
UN ENFANT DU PEUPLE DES VISAGES PLATS ?

...
... !!!
BOM
MAIS QUE FONT-ILS ICI ?!
C'EST MOI... C'EST MOI QUI SUIS ARRIVÉ CHEZ EUX !!!
BIENVENUE À CROCOBANANE LAND !
NON ! CE N'EST PAS ÇA !!!
...
TU ÉTAIS LÀ, KEITA ? JE T'AI CHERCHÉ PARTOUT !
ÇA DOIT ÊTRE LE MONSIEUR QUI S'OCCUPAIT DE LUI LÀ-BAS ET QUI L'A ACCOMPAGNÉ !
CROCODILE DU N
CROCODYLUS NILOTIC
TU AS VU ? IL VIENT D'ÊTRE OFFERT AU PARC PAR L'ÉGYPTE !
"CROCODILE DU NIL" ? EH BEN...
MAMAN... 'Y A UN MONSIEUR BIZARRE À L'INTÉRIEUR.

JE...
JE...
HAA...
HAA...
HAA...
ICI, UNE IMMENSE PAROI DE VERRE...
ET DERRIÈRE MOI, UNE CAGE !
IL EST VRAIMENT ÉLEVEUR, TU CROIS, MAMAN ?
HI HI
OUAAAH
IL DOIT ÊTRE NOUVEAU DANS LE MÉTIER...
BOM
À L'AIDE !
BOM
BOM
À L'AIDE !
...
GROAAAA

HAA
HAA
PAF
ALLEZ, ON VA VOIR CELLE D'À CÔTÉ !
...
HAA
HAA
HAA
EN TOUT CAS, IL EST FORCÉMENT ÉLEVEUR, SINON POURQUOI IL SERAIT DANS LA CAGE ?
QUE FONT DES CROCODILES...
... DANS DE L'EAU CHAUDE !?
TAP
CES VISAGES PLATS SONT COMPLÈTEMENT FOUS, MA PAROLE !
HAA
...

...
DES THERMES POUR CROCODILES ?
NON ...
UN JOUR, J'AI VISITÉ UNE DEMEURE OÙ L'ON PRATIQUAIT L'ÉLEVAGE DE MURÈNES...
C'EST ÇA...
ICI, LES VISAGES PLATS...
... ÉLÈVENT DES CROCODILES.
BIENVEN
CROCOB

L'EAU DE CE RÉSERVOIR ...
... SEMBLE PROVENIR D'UNE SOURCE CHAUDE...
HMM ...
ET C'EST CETTE EAU...
... QUI ALIMENTE LE BASSIN OÙ SONT LES CROCODILES !
J'IGNORAIS QUE LES VISAGES PLATS MANGEAIENT LA CHAIR DE CROCODILE ...
HMM ? À QUOI SERT CE CONDUIT ?
C'EST AUSSI DE L'EAU CHAUDE QUI Y CIRCULE ?!
EN QUADRILLANT UNE PIÈCE DE CONDUITS OÙ CIRCULE DE L'EAU CHAUDE, ON Y FAIT GRIMPER LA TEMPÉRATURE DE L'AIR...
... CE QUI REND POSSIBLES L'ÉLEVAGE DE CROCODILES ET LA CULTURE DE PLANTES DES CONTRÉES MÉRIDIONALES...
LES FRUITS QUI POUSSENT ICI SONT PEUT-ÊTRE MÊME PROPRES À LA CONSOMMATION...
MOI QUI PENSAIS QUE L'EAU CHAUDE SERVAIT EXCLUSIVEMENT À SE BAIGNER, CETTE IDÉE NE M'AURAIT JAMAIS TRAVERSÉ L'ESPRIT !
CES VISAGES PLATS SONT DÉCIDÉMENT PLEINS DE RESSOURCE !
PFFF...
ET ÇA, JE N'ARRIVE PAS À LE SUPPORTER ...
MONSIEUR ! IL Y A UN PROBLÈME ?

VOUS VOULEZ QUE J'APPELLE QUELQU'UN ?
VOUS VOUS SENTEZ MAL ?
... ?
...
C'EST UN FRUIT DE CET ARBRE...
...
C'EST UNE VARIÉTÉ TRÈS RARE, QUI VIENT DES TROPIQUES ! ELLES SONT DÉLICIEUSES !
...
AH, J'AI COMPRIS ! VOUS AVEZ UN PETIT CREUX !
J'EN AI DEUX, JE PEUX BIEN VOUS EN DONNER UNE !
PLEASE !
QUEL PARFUM SUCRÉ !!!
HA HA HA ! C'EST VRAI QUE LA PEAU SENT DRÔLEMENT BON...
... MAIS LE GOÛT... EXTRA ! 'Y A QUE ÇA À DIRE !!!
SNIF
SNIF
SNIF
SNIF

DE PLUS, SITÔT LA PEAU ENLEVÉE, UNE DOUCE ODEUR SUCRÉE S'EN DÉGAGE ...
COMMENT DIRE... C'EST COMME SI CE FRUIT AVAIT CHOISI DE PRENDRE LA FORME ET LES CONTOURS LES PLUS PRATIQUES QUI SOIENT...
C'EST AINSI QU'ON ENLÈVE LA PEAU...
QUAND DES TACHES NOIRES COMMENCENT À APPARAÎTRE, C'EST LÀ QU'ELLES SONT LE MEILLEURES !
DANS CE PAYS, C'EST DONC JUSQU'À LA FORME DES FRUITS QUI A ÉVOLUÉ ?
...
ET CE N'EST PAS TOUT... ON PEUT LE MANGER SANS SE SALIR LES MAINS NI LA BOUCHE...
GROMF
...
MIOM
MIOM
ET DIRE QU'ILS LES FONT POUSSER GRÂCE À LA CHALEUR DE L'EAU DE SOURCE THERMALE !
MIOM
J'AIMERAIS AUTANT QUE LES AUTRES VISITEURS NE VOUS VOIENT PAS.
ARRÊTEZ UN PEU DE VOUS EXTASIER ET MANGEZ.

CETTE TEXTURE MOELLEUSE ...
AUCUNE ACIDITÉ !!!
MIOM
PAR TOUS LES DIEUX !
ET LE CORPS... QUELLE DENSITÉ !!! À CHAQUE BOUCHÉE, ON SE SENT PLUS GÉNÉREUSEMENT NOURRI QU'À LA PRÉCÉDENTE ...
ET LA SAVEUR... QUELLE DOUCEUR !
LA CHAIR EST ONCTUEUSE ET NE LIBÈRE PAS LA MOINDRE GOUTTE DE JUS...
C'EST UN TEL RÉGAL ?
VOUS LES ÉTRANGERS, VOUS EN FAITES TOUJOURS DES TONNES ! HA HA HA !
BON, JE VOUS LAISSE...
JETEZ LA PEAU À LA POUBELLE, HEIN !
DES GRAINES !!! DEMANDONS-LUI DES GRAINES !!!
MAIS OUI !!!
JE N'EN AI PAS LA CERTITUDE, MAIS SI C'ÉTAIT BIEN AU BORD D'UN FLEUVE OÙ VIVENT DES CROCODILES, C'EST TOUT À FAIT POSSIBLE...
... C'EST PEUT-ÊTRE CE FRUIT-LÀ DONT L'EMPEREUR S'EST DÉLECTÉ SUR LES RIVES DU NIL !!!
SA SAVEUR NE SEMBLAIT PAS DE CE MONDE...
MIOM
SI ÇA SE TROUVE...

EXPECTA !
ATTENDS !
SEMINA HUIUS FRUCTUS…
DONNE-MOI DES GRAINES DE…
BOM
ATTEN…
SPLOTCH
BLOP
BLOP
ENFER !!!
JE L'AI PERDU !!!

JE NE RETOURNERAI PAS À ROME SANS CE FRUIT !
LE VOILÀ !!!
BLOP BLOP BLOP
RÉVEILLE-TOI, LUCIUS !
REVIENS À TOI !!!
... US
LUCIUS !
AH ! TU OUVRES ENFIN LES YEUX !
LE MAINTIEN DE LA PAX ROMANA EN DÉPEND !!!
NON ...

* NDA : graine de banane. On n'en trouve pas dans les variétés de bananes vendues dans le commerce aujourd'hui au Japon, mais les petits points noirs présents dans la chair en sont autant de traces.

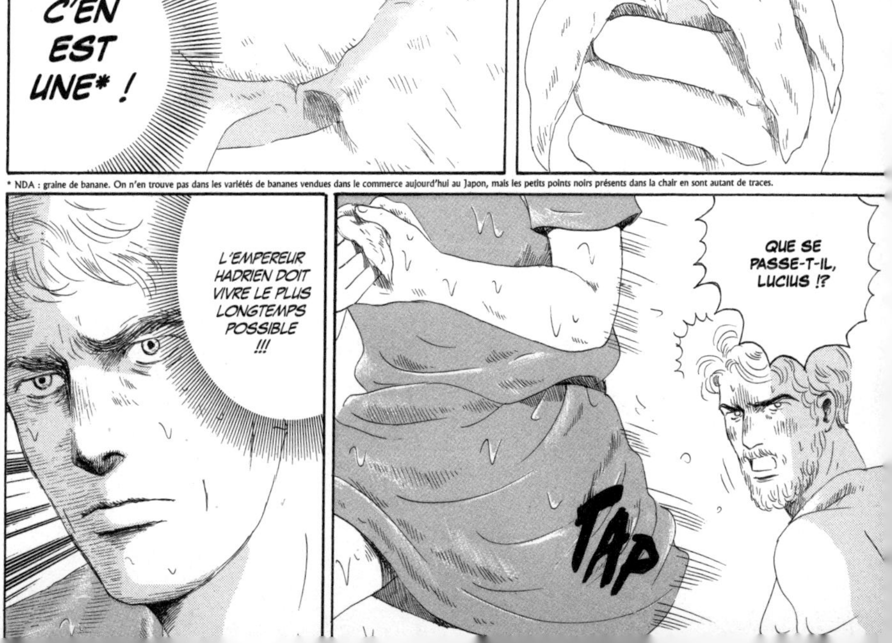

UN BAIN FAÇON "BAIGNADE DANS LE NIL" ...
LUCIUS NE CESSERA JAMAIS DE M'IMPRES-SIONNER ...
QUELLE SENSATION APAISANTE...
LE CROCODILE ET MOI AVONS RETROUVÉ NOTRE VITALITÉ.
LE SORT DE L'EMPIRE REPOSE SUR CETTE UNIQUE GRAINE !!!
JE VAIS PEUT-ÊTRE POUVOIR ÊTRE À LA HAUTEUR ENCORE UN TEMPS...
...

POC
POC
POC
LUCIUS ! COMMENT AVANCENT LES TRAVAUX ?
AH, CEIONIUS ! NOUS SOMMES EN TRAIN DE FABRIQUER LA PAROI QUI DÉLIMITERA L'ESPACE ALLOUÉ AU CROCODILE DANS LE BASSIN !
DITES-MOI PLUTÔT COMMENT SE PORTE L'EMPEREUR.
IL SE DÉLASSE JUSTEMENT DANS LE BASSIN D'À CÔTÉ.
QUEL SOULAGEMENT DE VOIR QU'IL A RETROUVÉ LA FORME ...
QUOI ?!
...
LE BASSIN D'À CÔTÉ ?!
OUI... CELA PRÉSENTE-T-IL UN PROBLÈME ?
QUOI ?!
C'EST... C'EST QUE NOUS Y AVONS LÂCHÉ LE CROCODILE !!!
CATASTROPHE !!!

OUOOOOOH
MISÈRE ...
L'EMPEREUR AVAIT L'AIR TRÈS EN COLÈRE...
AAARCH...
D'UN AUTRE CÔTÉ, CELA PROUVE QU'IL EST REDEVENU CELUI QU'IL ÉTAIT...
IL DEVRAIT RÉGNER ENCORE LONGTEMPS ...
HEUREUSEMENT QU'IL N'A PAS ÉTÉ BLESSÉ ...
ET PUIS SON COURROUX S'ÉVANOUIRA À L'INSTANT OÙ IL DÉCOUVRIRA CE QUE JE LUI RÉSERVE...
À FORCE DE SOINS ET D'ATTENTION, J'AI RÉUSSI À FAIRE GERMER LA GRAINE DE CE FRUIT !
LE RÉSULTAT DEVRAIT LUI PERMETTRE DE VIVRE ENCORE 10... NON, 20 ANS ...
FRSH
HMM ?
AH ...

"DES CUISSES REBONDIES DE LEUR ÉCLATANTE JEUNESSE ..."
FRRASH
"DES SEINS D'UNE FORME SI PARFAITE QU'ON LES CROIRAIT CRÉÉS POUR ÊTRE CARESSÉS ..."
J'AIMERAIS QUE CET INSTANT DURE TOUTE MON EXISTENCE...
AH, MA VÉNUS ! MA DÉESSE DE L'AMOUR !!!
MOI AUSSI, CEIONIUS !
AAAH... CEIONIUS ...
PERMETTEZ-MOI DE VOUS DIRE QUE VOUS ÊTES ALLONGÉS SUR MON VERGER...
SERREZ-MOI PLUS FORT !

ROME & LES BAINS, MES DEUX AMOURS

Dans l'enceinte de la villa d'Hadrien située à proximité de Rome, on trouve un grand étang nommé le Canope. Il a été construit sur le modèle du canal alimenté par les eaux du Nil qui reliait les cités d'Alexandrie et Canope dans l'Égypte antique.

Sur ses bords sont alignées de nombreuses et superbes statues que l'empereur aimait beaucoup. Celle qui a le plus attiré mon attention représente un crocodile. Le Nil en étant peuplé, j'imagine qu'Hadrien a fait disposer cette statue afin que cet endroit évoque encore un peu la ville égyptienne à laquelle il doit son nom.

Dans un chapitre précédent, j'ai déjà rapidement évoqué Antinous, l'amant d'Hadrien. Lorsque ce dernier fit sa connaissance à l'occasion d'un voyage en Grèce, c'était un beau jeune homme d'à peine vingt ans. L'histoire nous dit qu'il est mort par noyade dans les eaux du Nil après être tombé d'un bateau, lors d'un séjour en Égypte en compagnie d'Hadrien. Suicide ou assassinat, on l'ignore. Quoi qu'il en soit, sa mort semble avoir plongé l'empereur dans une tristesse immense.

Quelques décisions aidèrent Hadrien à surmonter tant bien que mal sa profonde peine. L'une d'entre elles fut la construction d'une ville en mémoire du jeune homme, Antinopolis, sur la rive du Nil, à hauteur de l'endroit où était survenu l'accident. Une autre fut la déification d'Antinous. Dans l'Égypte antique, les crocodiles du Nil étaient considérés comme l'incarnation du fleuve, et vénérés comme des divinités de la fertilité.

De plus, une légende voulait que toute personne qui mourait dévorée par eux devînt un dieu. Afin de mieux faire accepter la déification de son jeune amant, Hadrien invoqua cette légende, après avoir décrété qu'il était mort dévoré par des crocodiles.

CROCODILE DU CANOPE (Tivoli, Italie).

MOMIE DE CROCODILE ÉGYPTIEN.

On ignore de quand date cette statue de crocodile qu'on trouve dans la villa d'Hadrien à Tivoli. Quoi qu'il en soit, j'imagine que l'empereur qui avait perdu son amant était saisi d'émotions très fortes lorsqu'il la contemplait.

Lorsque j'ai raconté cette anecdote à M. Okumura, mon responsable éditorial qui se trouve également être le rédacteur en chef de *Comic Beam*, son sang n'a fait qu'un tour : « Il y a des sources thermales où on trouve des crocodiles ! Il y a même des bananiers !!! » De retour au Japon, ni une ni deux, je suis partie me documenter avec lui sur cette improbable combinaison qui allie sources thermales, crocodiles et bananes. Sur place, l'excitation extrême de mon rédacteur en chef a eu pour effet de balayer les pensées que, dans ma tête, je prêtais à un Hadrien plongé dans une profonde tristesse face au Nil...

« Je savais pas que c'était si mignon, un croco ! » Les yeux brillants de mon rédacteur en chef sont rivés sur un spécimen qui, les yeux fermés et comme dressé sur ses pattes arrière, est immergé dans l'eau de source thermale qui remplit son bassin.

« Bon, après la visite, on va s'envoyer quelques bananes ! Des bananes ! » Le regard de mon rédacteur en chef luit de l'envie irrépressible de goûter aux bananes cultivées dans la chaleur de l'eau de source thermale...

Il a donc été beaucoup question de bananes lors de la réalisation de ce chapitre...

Au fil de mes recherches, j'aurai découvert que la variété de banane que nous mangeons en général ne contient pas de graines (celle que mange Lucius est de la variété des bananes naines, qui elles en sont pourvues).

Ce fruit exerce une attraction incroyable sur les hommes. Alexandre le Grand en aurait mangé lors de sa campagne en Inde. Nul doute que si on en avait trouvé à Rome, cela aurait fait la joie des gourmets.

CROCODILE SE BAIGNANT DANS DE L'EAU DE SOURCE THERMALE À ATAGAWA.

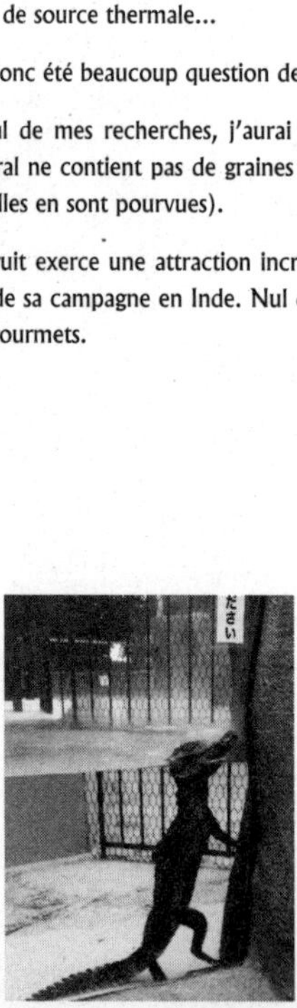

BANANE SAUVAGE REMPLIE DE GRAINES.

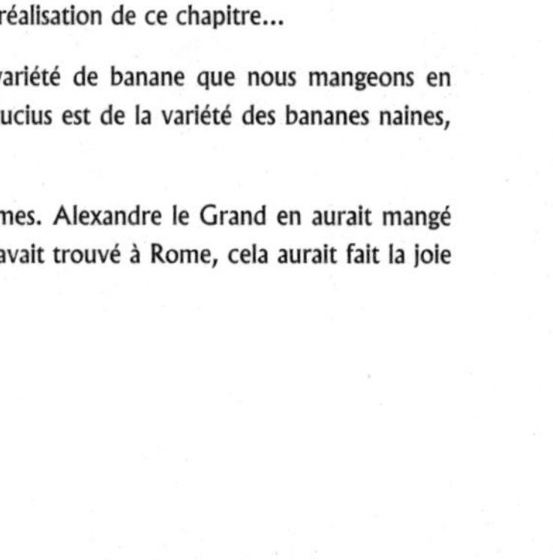

CHAPITRE IX
ANNONCE DU SÉNAT !

NOTRE EMPEREUR, CAESAR PUBLIUS AELIUS HADRIANUS ...
... VA PRENDRE UN FILS ADOPTIF !
LE SUCCESSEUR DE NOTRE ILLUSTRE EMPEREUR SE NOMME ...
BROUHAHA
... LUCIUS CEIONIUS COMMODUS !
IL AURA DÉSORMAIS POUR NOM LUCIUS AELIUS CAESAR !
CETTE ADOPTION CONFÈRE AU SUCCESSEUR DE NOTRE EMPEREUR...
... LES PRIVILÈGES DE TRIBUN DE LA PLÈBE ET LE DROIT DE COMMANDER AUX ARMÉES !
...
CETTE ADOPTION SERA CÉLÉBRÉE AU CIRCUS MAXIMUS DANS...

LE PEUPLE A DÉJÀ COMMENCÉ À PRÊTER LES MOTIVATIONS LES PLUS TORDUES AU CHOIX DE L'EMPEREUR...
IL EST DONC À CRAINDRE ...
... QUE LES SÉNATEURS SOIENT SANS PITIÉ QUAND ILS DÉBATTRONT DE SA DÉCISION.
IL PARAÎT QUE C'EST UN TRÈS BEAU GARÇON...
PAS ÉTONNANT... EN CE MOMENT, C'EST ÇA, LA PRIORITÉ DE L'EMPEREUR.
CEIONIUS... DEVENU AUJOURD'HUI AELIUS CAESAR ...
MA VÉNUS ...
UN HOMME FRIVOLE ET COUREUR...
POURQUOI L'EMPEREUR S'EST-IL CHOISI UN TEL SUCCESSEUR ? MOI-MÊME, J'EN VIENS À DOUTER DE SON JUGEMENT...
QUELQUES JOURS PLUS TÔT, DANS LA VILLA D'HADRIEN.

BOM
BOM
SBAF
!!!
JE L'AI TROUVÉE ! PAR ICI, MARCUS !
... ?
...
AH !
JE CROIS QUE LA BALLE EST TOMBÉE SUR CET HOMME... NOUS LUI DEVONS DES EXCUSES.
LUCIUS !
OUI... OUI.
...
QUI SONT CES ENFANTS ?

* NDA : cet enfant est le futur Marc Aurèle, « l'empereur philosophe », que l'on considère comme le dernier des cinq « bons empereurs » romains. Il fut de fait un homme exceptionnel, à la fois dévoué à la dure charge d'empereur et éminent érudit, versé dans l'étude et auteur de nombreux écrits.

* NDA : Il prendra par la suite le nom de Lucius Verus et passera les huit dernières années de sa vie à régner aux côtés de Marcus.

LUCIUS ...
TON PÈRE TE CHERCHE ! IL VEUT TE MONTRER LE CROCODILE DES BAINS...
UN CRO-CODILE ?!
JE VEUX LE VOIR !
VIENS, MARCUS !
ALLONS VOIR LE CROCODILE !
...
ALLEZ !
MARCUS... TU VEUX BIEN L'EMMENER AUPRÈS DE SON PÈRE ?
TOUT DE SUITE !
À PLUS TARD, MAJESTÉ.
MAÎTRE LUCIUS, VOUS AVOIR RENCONTRE EST UN HONNEUR !
...
MARCUS VERUS...

EN RÉALITÉ ...
... C'EST LUI QUI AURAIT DÛ DEVENIR EMPEREUR.
COMMENT ?!
CEIONIUS EST DIGNE DE LA CHARGE D'EMPEREUR, BIEN ENTENDU...
JE SAIS QUELLE IMAGE IL DONNE DE LUI, MAIS LORSQUE LA SITUATION L'EXIGE, IL EST TOUT À FAIT CAPABLE DE PRENDRE DES DÉCISIONS RÉFLÉCHIES ET JUDICIEUSES.
VRAIMENT ?
SON GRAND-PÈRE A ÉTÉ LE CONSEILLER LE PLUS FIABLE QUE J'AIE JAMAIS EU À MES CÔTÉS. CE GARÇON EST D'UNE EXCELLENTE EXTRACTION, MAIS AUSSI ET SURTOUT D'UNE INTELLIGENCE RARE, DONT IL NE TIRE PAS ORGUEIL ...
À L'ÂGE DE SIX ANS, IL ÉTAIT DÉJÀ CHEVALIER... CETTE ANNÉE, IL A ÉTÉ CHARGÉ DE L'ORGANISATION DES FÊTES LATINES...
CELA ÉTANT, IL LUI ARRIVE PARFOIS DE S'EN REMETTRE AU JUGEMENT DE MARCUS, QUI EST POURTANT DE QUINZE ANS SON CADET...
C'EST AU POINT QU'IL A DÉJÀ DÉCIDÉ QUE SA FILLE ET LUI SE FIANCERAIENT.
IL N'EN DEMEURE PAS MOINS QUE MARCUS N'A QUE QUINZE ANS.

IL EST TROP JEUNE POUR ÊTRE EMPEREUR !
JE COMPRENDS...
MAIS DE LA MANIÈRE DONT J'IMAGINE LES CHOSES...
... IL SERA UN PROCHE CONSEILLER DE CEIONIUS ET PROTÉGERA ROME À SES CÔTÉS.
C'EST LE VŒU LE PLUS CHER DE CEIONIUS LUI-MÊME.
LUCIUS ! JE T'AI CHERCHÉ PARTOUT !
PÈRE !
QUAND JE VOIS CET ENFANT...
... JE ME DIS QUE JE QUITTERAI CE MONDE QUELQUE PEU RASSURÉ.
SI C'EST MARCUS QUI AVAIT ÉTÉ APPELÉ À RÉGNER, IL N'AURAIT PAS ÉTÉ NÉCESSAIRE DE FAIRE ÉDIFIER DES THERMES POUR LUI ATTACHER LES FAVEURS DES ROMAINS.
IL EST TAILLÉ POUR GAGNER LA CONFIANCE DU PEUPLE.
CE QUI N'EST PAS LE CAS DE CEIONIUS.
...

LE SÉNAT NE ME PORTE PAS DANS SON CŒUR. IL NE MANQUERA PAS D'ATTIRER L'ATTENTION DU PEUPLE SUR LES DÉFAUTS ET LES ERREURS QU'IL SE FERA UN PLAISIR DE PRÊTER À CEIONIUS...
... DANS LE BUT DE LE FAIRE DESCENDRE DU TRÔNE.
IL FAUT QU'IL RÉUSSISSE À Y RESTER ASSIS JUSQU'À CE QUE MARCUS AIT UN PEU PLUS MÛRI.
S'IL EST IMPÉRATIF QUE CEIONIUS SOIT AIMÉ DU PEUPLE, C'EST DONC AUSSI AFIN DE GAGNER DU TEMPS. TU COMPRENDS, LUCIUS ?
DANS LES THERMES QUE TU VAS CONCEVOIR, LES ROMAINS DOIVENT TROUVER CE QU'ILS ONT TOUJOURS CHERCHÉ EN VAIN.
IMAGINE DES BAINS QUI LES POUSSERONT NATURELLEMENT À ACCORDER TOUTE LEUR CONFIANCE À L'EMPEREUR À VENIR !
JE COMPTE SUR TOI, LUCIUS.
MAJESTÉ !!!
JE PENSE AVOIR PRIS LA PLEINE MESURE DE L'IMMENSE RESPONSABILITÉ QUI PÈSE SUR MES ÉPAULES...

* NDA : illustre architecte dont les différentes réalisations ont marqué le règne de Trajan, le prédécesseur d'Hadrien. C'est un compagnon de bains de notre héros.

MAÎTRE APOLLODORE, QUAND VOUS AVEZ CONÇU CES THERMES POUR L'EMPEREUR TRAJAN...
... QUELLE ESPÈCE D'IDÉAL VOUS ÉTIEZ-VOUS PROMIS D'ATTEINDRE ?
QUEL IDÉAL, TU DIS ?
LUCIUS... NOUS NE NOUS SOMMES PAS VUS DEPUIS DES LUSTRES, ET DE BUT EN BLANC, TU ME POSES UNE QUESTION PAREILLE ?!
L'EMPEREUR T'AURAIT-IL PASSÉ UNE DE CES COMMANDES ÉPINEUSES DONT IL A LE SECRET ?
MAIS POUR COMMENCER, UNE QUESTION AUSSI ENNUYEUSE DOIT ÊTRE ABORDÉE EN PRENANT UN BAIN, OU TU N'ARRIVERAS À RIEN !!!
...
JE N'AVAIS PAS PARTICULIÈREMENT D'IDÉE MAÎTRESSE...
À MES YEUX, L'EMPEREUR TRAJAN ÉTAIT UN HOMME EXTRAORDINAIRE...
C'EST L'ADMIRATION SANS BORNES QUE JE LUI VOUAIS QUI M'A DONNÉ LA FORCE DE CRÉER CES BAINS...
...

EN FAIT ...
GPOM
BON... QU'EST-CE QU'HADRIEN T'A DEMANDÉ ?
ALORS POUR L'ADMIRATION, CE N'EST PAS GAGNÉ ...
QUAND JE PENSE À CEIONIUS, CE MOU DOUBLÉ D'UN COUREUR, TOUT CE QUE JE SENS MONTER EN MOI, C'EST DE LA COLÈRE...
CES DERNIERS TEMPS, J'AI L'IMPRESSION DE VOIR DE PLUS EN PLUS D'ENFANTS AUX THERMES...
QUAND LES HOMMES NE FONT PAS LA GUERRE, ILS FONT DES ENFANTS... CE DOIT ÊTRE ÇA.
HÉ, LES GAMINS ! ON NE JOUE PAS À LA BALLE DANS LES BAINS, ENFIN !
OUAAAH !
SAUVE QUI PEUT !
LES BAINS NE SONT PAS CONÇUS POUR EUX, AUSSI...
ILS S'ENNUIENT TRÈS VITE.
C'EST SANS DOUTE VRAI...
...
MAIS AVEC LEURS ABLUTIONS POUR LE MOINS BRUYANTES, DIFFICILE DE SE DÉTENDRE...
YAAAH !
PFOUAAH !
PLOTCH
PLOTCH
BLUP
BLUP

* NDA : malheureusement, Hadrien interdit en effet les bains mixtes, habitude pourtant ancrée chez les Romains, au motif que cela pourrait favoriser la dégradation de mœurs.

MAIS... JE PEUX SAVOIR CE QUE VOUS FAITES, PETITS MALAPPRIS ?!
DESCENDEZ IMMÉDIA-TEMENT DE CETTE STATUE !!!
SPLOF
DESCENDEZ DE CE LAOCOON, J'AI DIT !!!
JE NE VAIS TOUT DE MÊME PAS LAISSER DES PETITS BAR-BARES SEMER LA PAGAILLE À LEUR GUISE DANS LES THERMES QUE J'AI CONÇUS !!!
SALES PETITS MORVEUX !!!
ENLEVEZ-MOI CETTE PLANCHE DÉGOÛTANTE DE LÀ !!!
OUAAAH ! SAUVONS-NOUS !
OUAAAH !
HA HA HA
SI JE VOUS ATTRAPE ...
OU LE VIEUX GÂTEUX VA NOUS MANGER TOUT CRUS !!!
HA HA HA HA !
HÉ !
REVENEZ ICI !!!
OUAAAH !
C'EST ÇA...
PLOT

OUI ! À LA PLACE DES STATUES, IL FAUDRAIT INSTALLER QUELQUE CHOSE QUI LES OCCUPE ET LES AMUSE ...
HOP
SI JE RÉUSSIS À CONCEVOIR DE TELS BAINS, CELA POURRAIT PEUT-ÊTRE BIEN VALOIR À CEIONIUS LA BIENVEILLANCE DU PEUPLE !!!
REGARDEZ-MOI UN PEU CE PLONGEON !!!
AUJOURD'HUI, IL Y A DE PLUS EN PLUS D'ENFANTS À ROME... CE DONT NOUS AVONS BESOIN, C'EST DE THERMES OÙ ILS PEUVENT S'AMUSER !!!
!?
OUAH !
SPLASH
OUUAAAAAAAH !

BLOB
BLUB
BLUB
BLOB
DANS DE TELLES CONDITIONS, IMPOSSIBLE DE S'ABSORBER TRANQUILLEMENT DANS SES PENSÉES À LA FAVEUR D'UN BON BAIN BRÛLANT !!!
C'EST INADMISSIBLE !!!
HMM ? CE SONT LES JAMBES DE L'ENFANT QUI M'A SAUTÉ DESSUS ?!
JE DOIS DONNER CORPS À CE PROJET AU PLUS VITE ET ALLER EN TOUCHER DEUX MOTS À L'EMPEREUR...
BLUB
BLOB
BLUB

BROOAAAAH
?!
UNE FEMME ?!
C'EST CURIEUX... MAIS D'ABORD, REGAGNER LA SURFACE !!!
SPLASH
PFOUAH !
HAAA...
HAA...

UNE CASCADE !!!
DONT L'EAU COULE SUR DE LA ROCHE BLANCHE...
FSSSHHH
UNE CASCADE D'EAU CHAUDE ?!
AAAAAH !!!
C'EST DE L'EAU CHAUDE QUI COULE !
ELLE EST CHAUDE !
...
UNE SECONDE...
HMM...
PLITCH

BLUA BLOA
BLUA BLOA
AAAAAH!!!
PFOUAH!
SPLATCH
GLORBLLL

HAA...
HAA...
QU'...
OUAAAAH !
YOUPIIIII !
QU'EST-CE QUE C'EST QUE ÇA ?!
DE L'EAU CHAUDE QUI COULE SUR D'IMMENSES DALLES DE MARBRE INCLINÉES...
ET DES VISAGES PLATS QUI GLISSENT DESSUS LES UNS APRÈS LES AUTRES ...
CHAUD DEVANT !!!
ILS DISPOSERAIENT D'UNE TELLE INSTALLATION DANS LEURS THERMES ?!
AAAAAH !

... ET S'INFLIGENT-ILS UNE TELLE SOUFFRANCE ?!
ET EUX, POURQUOI SE LIVRENT-ILS DE LEUR PLEIN GRÉ À CET ACTE...
KOF
HAA
HAA
HAA
HÉ ! MONSIEUR ! MONSIEUR !
C'EST TROP MAR-RANT !
DANS QUEL BUT PEUT-ON CONSTRUIRE PAREIL DISPOSITIF ?!
MAIS QUELLE EN EST LA FONCTION ?!
C'EST LA ZONE MAILLOT DE BAIN, ICI !!!
MON-SIEUR !!!
?
AH... VOUS ÊTES ÉTRAN-GER...
AU SECOURS! 'Y A UN TYPE COMPLÈ-TEMENT À POIL !!!
IL A PAS DE MAILLOT DE BAIN !
C'EST VRAI QUE PERSONNE ICI N'EST COMPLÈTEMENT NU...
ON Y RETOURNE ?
...
ALLEZ ! CACHEZ VOTRE ENTRE-JAMBE !!!
POUR LE MOMENT, METTEZ CETTE SERVIETTE AUTOUR DE VOTRE TAILLE !!!
TENEZ !!!

MAIS DANS CE CAS, POURQUOI NE PAS SIMPLEMENT PORTER DES VÊTEMENTS PLUTÔT QUE CES MINUSCULES MORCEAUX D'ÉTOFFE ?
CELA DIT, LORSQU'ELLES FONT DE LA GYMNASTIQUE, LES FEMMES ROMAINES PORTENT DES TENUES SIMILAIRES...
YAAAAAH !
S'ILS Y CONTRAIGNENT LA SENSATION DE LIBERTÉ QUE PROCURE LA NUDITÉ LA PLUS TOTALE...
... C'EST QUE CES BAINS NE SONT PAS DÉDIÉS AU DÉLASSEMENT...
LA SERVIETTE ! VITE !!!
SPLATCH !
ILS POUSSENT DES HURLEMENTS À FAIRE FRÉMIR...
... MAIS LES ENFANTS DES VISAGES PLATS GLISSENT ET GLISSENT ENCORE ...
...
CETTE INSTALLATION AURAIT-ELLE POUR FONCTION DE FORTIFIER L'ESPRIT ?!
S'IL VOUS PLAÎT, AVANCEZ PAR GROUPES DE TROIS ET FORMEZ UNE LIGNE !
...
...

...
JADIS, À SPARTE, ON FAISAIT SUBIR UN ENTRAÎNEMENT EXTRÊMEMENT SÉVÈRE AUX ENFANTS, AU MOTIF QUE CELA RENFORÇAIT LA PUISSANCE DE LA CITÉ...
DANS CETTE CONTRÉE-CI, ON SE SERT PEUT-ÊTRE DE L'EAU DE SOURCE THERMALE POUR LEUR INCULQUER LA DISCIPLINE !!!
DANS QUELLE MESURE LA GLISSADE SUR DE L'EAU CHAUDE PEUT-ELLE FORTIFIER L'ESPRIT ?
TRIIIIT
SI JE N'ESSAIE PAS, JE NE LE SAURAI PAS !!!!
?!
FSSSHHHH

FER MIHI AUXILIUM ! AU SECOURS !
EFFS SSHHH
ZWOUP
SPLOOOTCH
AAAH !

BLOP
FLOTCH
PFOUAAAH!!!
HAA...
HAA
HAA...
C'EST...
HAA...
C'EST TERRIFIANT...
... ET AMUSANT À LA FOIS !!!
HAA...
HAA...
AA-AH !
JE VEUX BIEN CROIRE QUE CELA ENSEIGNE LE COURAGE !!!
OUAAAAH...
TANT LES ADULTES QUE LES ENFANTS FORTIFIENT AINSI LEUR ESPRIT DANS LA JOIE, J'EN SUIS SÛR !!!
ET CE, SANS DONNER UN SEUL INSTANT L'IMPRESSION DÉSAGRÉABLE DE SUBIR UN ENTRAÎNEMENT SÉVÈRE !!!

SBOM
SPLATCH
MA MAIN À COUPER QUE CELA PLAIRAIT AU PEUPLE ROMAIN !!!
TAP
TAP
TAP
POUSSEZ-VOUS !!!

HAA ...
HAA ...
HAA ...
TAP
DE LONGUES DALLES DE MARBRE !!!
SALVE, LUCIUS ! C'EST QUOI, CETTE TENUE ?!
POC POC POC POC
MARCUS ! MARCUS !!!
PARDON ?
IL ME FAUT DE TRÈS LONGUES DALLES DE MARBRE !!!
AUTANT QUE TU POURRAS EN TROUVER !!!

ATTILIVS
TROIS MOIS PLUS TARD.
IL PARAÎT QUE DES THERMES INCROYABLES VONT BIENTÔT OUVRIR !
CADEAU D'AELIUS CAESAR AUX ROMAINS, À CE QU'ON DIT.
EH BEN... IL A DES IDÉES, LE FUTUR EMPEREUR...
À CE QU'ON RACONTE, CES THERMES ONT UNE FORME QUE PERSONNE N'A JAMAIS VUE.
JE ME DEMANDE QUAND ON POURRA ALLER JUGER SUR PIÈCE...
LE PLUS TÔT SERA LE MIEUX !!!
BRO OO OO
ATT... PAS SI VITE, LES CONSULS ! OUAAAH !

PSSHHH
OUAAAAH !
MES EXCUSES !
J'AVAIS DIT QUE JE GLISSERAIS LE PREMIER !!!
...
OUAAAH !
AAAH !

...
...
C'EST QUAND, LE TOUR DES ENFANTS ?
IL N'Y EN A QUE POUR PÈRE, C'EST INJUSTE !
SNIF SNIF SNIF
SNIF SNIF
POURQUOI IL N'Y A QUE LES ADULTES QUI L'UTILISENT ?
DITES... VOUS AVEZ CONSTRUIT ÇA POUR LES ENFANTS, NON ?
NE ME LE DEMANDE PAS ! CELA M'ÉCHAPPE !!!
SNIF SNIF SNIF
CERTAINEMENT PAS, JUGE ! VOUS Y ÊTES DÉJÀ ALLÉ DEUX FOIS !!!
NON ! LE SUIVANT, C'EST MOI !!!
J'AI PENSÉ QU'AINSI LE PEUPLE ACCORDERAIT TOUTE SA CONFIANCE AU NOUVEL EMPEREUR !!!
J'AI MIS TOUS MES EFFORTS AU SERVICE DE ROME ET DE SON AVENIR !
...
...
IL FAIT PEUR ...
PRÉSERVER LA PAX ROMANA, TU PARLES ! J'AI PLUTÔT SEMÉ LA GRAINE DE LA DISCORDE...

AAH... SI LES VISAGES PLATS VOYAIENT CE TRISTE SPECTACLE...
MAÎTRE LUCIUS !
MARCUS VERUS !
NE VOUS ACCABLEZ PAS, MAÎTRE LUCIUS.
LORSQUE L'OCCASION SE PRÉSENTE, CHAQUE ADULTE NE SOUHAITE-T-IL PAS REDEVENIR UN ENFANT POUR UN COURT MOMENT ?
CES HOMMES AVAIENT SIMPLEMENT SOIF D'UNE EXPÉRIENCE NOUVELLE ET DIVERTISSANTE ...
QUELLE MATURITÉ DANS SA REMARQUE !
ILS DEVRAIENT BIENTÔT SE LASSER, N'AYEZ CRAINTE.
D'ICI LÀ, FAITES PREUVE DE PATIENCE.
BIEN ! PUISQUE C'EST COMME ÇA, MOI NON PLUS, JE NE VAIS PAS ME PRIVER, TOUT À L'HEURE !!!
PAR JUPITER ! COMME CELA EST AMUSANT !!!
PSSSHHH !
APOLLODORE

ROME & LES BAINS, MES DEUX AMOURS

Il y a longtemps, il m'est arrivé de servir d'interprète aux musiciens d'un orchestre italien venu faire une tournée de concerts au Japon. Dans chaque ville où elle jouait, cette formation renommée envoûtait le public en offrant une exécution merveilleuse du programme annoncé. Un jour de relâche, à Sapporo, tout au nord de l'archipel, je trouvai les musiciens en émoi. Tous ne parlaient que d'un seule chose : « Il paraît qu'il y a des thermes incroyablement amusants, dans le coin ! »

Il s' agissait des « Thermes de Sapporo », un établissement thermal situé dans un parc d'attractions un peu à l'écart de la ville. Un des musiciens s'y était rendu et avait dit aux autres qu'il s'y était amusé comme un fou. Voyant dans quelle fébrilité cela les avait tous plongés, je me proposai de les y emmener.

Dès qu'ils eurent posé le pied dans ce parc d'attractions, ces musiciens qui affichaient jusqu'à la veille un air solennel lorsqu'ils étaient sur scène devinrent méconnaissables.

C'est comme s'ils étaient subitement retombés en enfance : ils couraient partout sans se soucier de rien, au point que les autres visiteurs, y compris les enfants et les couples d'amoureux, se figeaient sur place lorsqu'ils les voyaient.

Ce furent notamment les toboggans aquatiques qui leur plurent. À n'en pas douter, on trouve ce genre d'attraction en Italie, mais j'imagine que lorsqu'ils étaient chez eux, l'idée de se rendre dans ce genre d'endroit ne leur venait pas spontanément. Ici, au Japon, ils étaient de simples étrangers, ce qui semblait leur donner une sensation inédite de liberté. C'est ainsi qu'aux « Thermes de Sapporo », mes musiciens purent laver dans les éclaboussures la fatigue et le stress accumulés au fil de leur longue tournée de concerts. Une fois la tournée finie, juste avant leur retour en Italie, lorsque la coordinatrice qui les avait accompagnés leur demanda quel endroit au Japon chacun avait préféré, j'ai été très impressionnée d'entendre une bonne partie d'entre eux répondre en chœur : « Les Thermes de Sapporo. »

TOBOGGAN AQUATIQUE À HAKONE, LIEU RICHE EN SOURCES THERMALES.

Depuis toute petite, l'idée de glisser depuis une hauteur me hérisse. Enfant, s'il m'arrivait de monter sur des toboggans, ce n'était pas pour en descendre en glissant mais en sautant. Ajoutez à cela l'expérience d'une fracture lors d'une descente en luge en plein hiver à Hokkaido, et vous comprendrez pourquoi je pensais avoir la certitude de ne plus jamais éprouver de mon vivant la sensation que procure une glissade.

C'est pour cette raison que, lors de mon passage aux «Thermes de Sapporo », je m'étais contentée de regarder les musiciens italiens se déchaîner. Cependant, pour dessiner le chapitre que vous venez de lire, j'ai bien été obligée, à quarante-deux ans, de faire du toboggan.

C'est donc en compagnie de M. Okumura, le rédacteur en chef de *Comic Beam*, et de la jolie Mlle A., fraîchement recrutée par mon éditeur, que j'ai renoué avec la glissade, à l'occasion d'un voyage de repérage, par un froid mois de février. M. Okumura essayait de me rassurer comme il pouvait : « Ça va bien se passer ! Comparé au saut à l'élastique, c'est rien du tout ! » Autant vous dire que lorsque j'ai confié mon corps et ma vie à un gigantesque toboggan aquatique, j'étais tout sauf rassurée. Tout cela afin de pouvoir rendre le plus fidèlement possible ce qu'éprouverait Lucius en glissant, lui qui vient d'un monde et d'une époque où le cheval est le seul moyen d'éprouver la sensation d'un déplacement rapide. Pour être tout à fait honnête, pendant ma glissade, je n'ai absolument pas été en état d'analyser calmement ce que je ressentais. Le seul dessin possible qui me venait à l'esprit, c'était une multitude de traits convergeant en un seul point.

Pour moi, glisser du haut d'un toboggan aquatique a requis une détermination telle qu'on en montre uniquement lors des moments critiques de son existence. Mais après avoir fini ma glissade dans de grandes éclaboussures et être remontée à la surface, je n'ai vu que Mlle A., un sourire amer sur le visage. Pas de foule en liesse pour me féliciter ou applaudir mon courage... J'avoue ici que quelque part au fond de moi, j'ai été un peu triste.

M. OKUMURA APRÈS UNE GLISSADE.

OUAH ! ELLE EST HABITÉE, EN FAIT !
AH !
AH !
QU'EST-CE QUE VOUS FAITES ?
CASA
HA HA HA !
CETTE MAISON ...
... EST HANTÉE...
SAUVE QUI PEUT ! HA HA HA !
UN FANTÔME !
REVENEZ ICI, CRAPULES !
CHAPITRE X

JE LEUR APPRENDRAI, MOI...
FUSCUS !
JE SAIS, PÈRE !
NOUS ALLONS COMMENCER !
... À ÉCRIRE DES BÊTISES PAREILLES !!!
CRRR
CRRR
CRRR
DÉPÊCHE-TOI, TOUT LE MONDE EST TRÈS ÉNERVÉ.
...
J'EFFACE ÇA ET J'ARRIVE.

LES VIEUX BAINS N'INTÉRESSENT PLUS LES ROMAINS...
IL FAIT CONSTRUIRE DES BAINS ÉTRANGES PARTOUT...
... TOUT LE MONDE S'Y RUE ET NOS ÉTABLISSEMENTS SONT VIDES.
SI NOUS EN SOMMES LÀ...
... C'EST ENTIÈREMENT LA FAUTE DE CET ARCHITECTE, CE LUCIUS !!!
C'EST INACCEPTABLE !!!
MAUDIT SOIT CE LUCIUS !
SI ÇA CONTINUE, NOUS ALLONS TOUS METTRE LA CLÉ SOUS LA PORTE !
SI JE PUIS ME PERMETTRE ...

...
JE SUIS DONC PERSUADÉ QU'IL RÉPONDRA FAVORABLEMENT À VOS DEMANDES !!!
MAÎTRE MODESTUS EST LOIN D'ÊTRE L'HOMME MAUVAIS QUE VOUS PENSEZ.
C'EST GRÂCE À LUI QUE MES THERMES ONT ÉCHAPPÉ À LA FERMETURE.
IL EST LUI-MÊME UN DE CES ROMAINS QUI AIMENT LES BAINS À L'ANCIENNE MODE...
SI CE QUE TU DIS EST VRAI, POURQUOI N'AGIT-IL PAS EN CONSÉQUENCE...
... AU LIEU DE NOUS METTRE EN DANGER, NOUS LES PATRONS DE THERMES TRADITIONNELS ?
ICI, MON PÈRE ET MOI AVONS AU PLUS CINQ CLIENTS PAR JOUR !
... ALORS QUE CET ÉTABLISSEMENT EXISTE DEPUIS CENT ANS !
AUJOURD'HUI, LES ROMAINS NE JURENT PLUS QUE PAR CES BAINS OÙ ON GLISSE SUR DE L'EAU CHAUDE...
...

SOUVENEZ-VOUS DONC VOUS AUSSI...
... DU TEMPS OÙ VOS ÉTABLISSEMENTS ÉTAIENT ANIMÉS À TOUTE HEURE, AVANT QUE LA CLIENTÈLE NE LES DÉSERTE !
...
...
...
QUELLE BELLE ÉPOQUE C'ÉTAIT...
NOS THERMES SONT PETITS, IL Y FAIT SOMBRE, LE BASSIN N'EST GUÈRE SPACIEUX, CERTES...
... MAIS CELA PERMETTAIT JUSTEMENT AUX GENS DE SYMPATHISER TRÈS FACILEMENT.
HA HA HA !

UNE STATUE D'APOLLON QUI SE DRESSE, SOLENNELLE, DANS CETTE LUMIÈRE…
TRAVERSÉ DE HAUT EN BAS PAR LA LUMIÈRE DU SOLEIL SE DÉVERSANT PAR UNE LUCARNE…
UN ESPACE OBSCUR REMPLI DE VAPEUR D'EAU…
À LA SORTIE, DES BOISSONS AU MIEL…
… QUI DÉSALTÈRENT APRÈS LA CHALEUR DU BAIN…
DES PARENTS ET DES PERSONNES ÂGÉES QUI S'OCCUPENT D'ENFANTS…
DES GENS QUI DEVISENT GAIEMENT DANS LA VAPEUR…
L'EMPEREUR HADRIEN EST FRIAND DE NOUVEAUTÉ, SOIT !
MAIS SI PERSONNE NE FAIT RIEN, LES BAINS TRADITIONNELS SONT CONDAMNÉS, ET NOUS AVEC !!!
TOUT LE MONDE SE SERAIT BIEN PASSÉ…
… DE CET ABSURDE BREUVAGE AU LAIT !

...
...
JE SUIS EN RETARD, PARDONNEZ-MOI !
...
...
HMPF
POURQUOI L'ATMOSPHÈRE EST-ELLE SI PESANTE ?
...
MAÎTRE MODESTUS !
JE SUIS LUCIUS MODESTUS, ARCHITECTE CONCEPTEUR DE THERMES.
MERCI D'ÊTRE VENU ALORS QUE VOUS DEVEZ ÊTRE TRÈS OCCUPÉ.
AH... CASCUS...

...
...
PERMETTEZ-MOI DE VOUS PRÉSENTER ...
... LES PATRONS DES THERMES DE CE QUARTIER. TOUS ENSEMBLE, NOUS NOUS SOMMES ORGANISÉS EN CORPORATION ...
JE ME SUIS PERDU EN CHEMIN...
NE VOUS INQUIÉTEZ PAS, NOUS NE SOMMES PAS ENCORE AU COMPLET.
LA PLUPART DE NOS CLIENTS SE SONT ENTICHÉS DE CES BAINS OÙ ILS PEUVENT GLISSER.
AUJOURD'HUI, À ROME, VOUS NE TROUVEREZ AUCUN ÉTABLISSEMENT QUI SOIT ASSURÉ DE NE PAS DEVOIR FERMER DEMAIN !
SI NOUS, LES PATRONS DE THERMES PRIVÉS, NE NOUS SERRONS PAS LES COUDES, NOUS NE SURVIVRONS PAS, C'EST AUSSI SIMPLE QUE CELA.
VOUS AVEZ FORMÉ UNE CORPORATION ?
PFFF !
...
TOUT ÇA...
SI CETTE SITUATION PERDURE, BIENTÔT, ON NE TROUVERA PLUS DE BAINS TRADITIONNELS À ROME.
NOUS, NOUS N'AVONS PAS LES FONDS POUR FAIRE CONSTRUIRE UN NOUVEAU BASSIN.

...
MAIS NOUS, TU NOUS TUES !!!
TU AS LES FAVEURS DE L'EMPEREUR, GRAND BIEN TE FASSE !
PARFAITE-MENT !
TOUT ÇA PARCE QUE TU FAIS ÉDIFIER UN ÉTABLIS-SEMENT INUTILE APRÈS L'AUTRE !
CALME-TOI, FUSCUS...
NOUS NE POUVONS MÊME PAS ACHETER DES ESCLAVES QUI S'OCCUPE-RAIENT DU FEU, C'EST MON VIEUX PÈRE QUI S'EN CHARGE !
ÇA NE PEUT PAS CONTINUER COMME ÇA ! C'EST INTENABLE !
AH...
HMM ?
...
TU DOIS FAIRE QUELQUE CHOSE !!!
ON EST COINCÉS, NOUS !
SI LES BAINS TRADITIONNELS DISPARAISSENT DE ROME, CE SERA PAR TA FAUTE !
TU RÉALISES UN PEU LE MAL QUE TU NOUS FAIS ?

TOUT CE TEMPS...
... JE ME SUIS TUÉ À LA TÂCHE POUR L'EMPIRE...

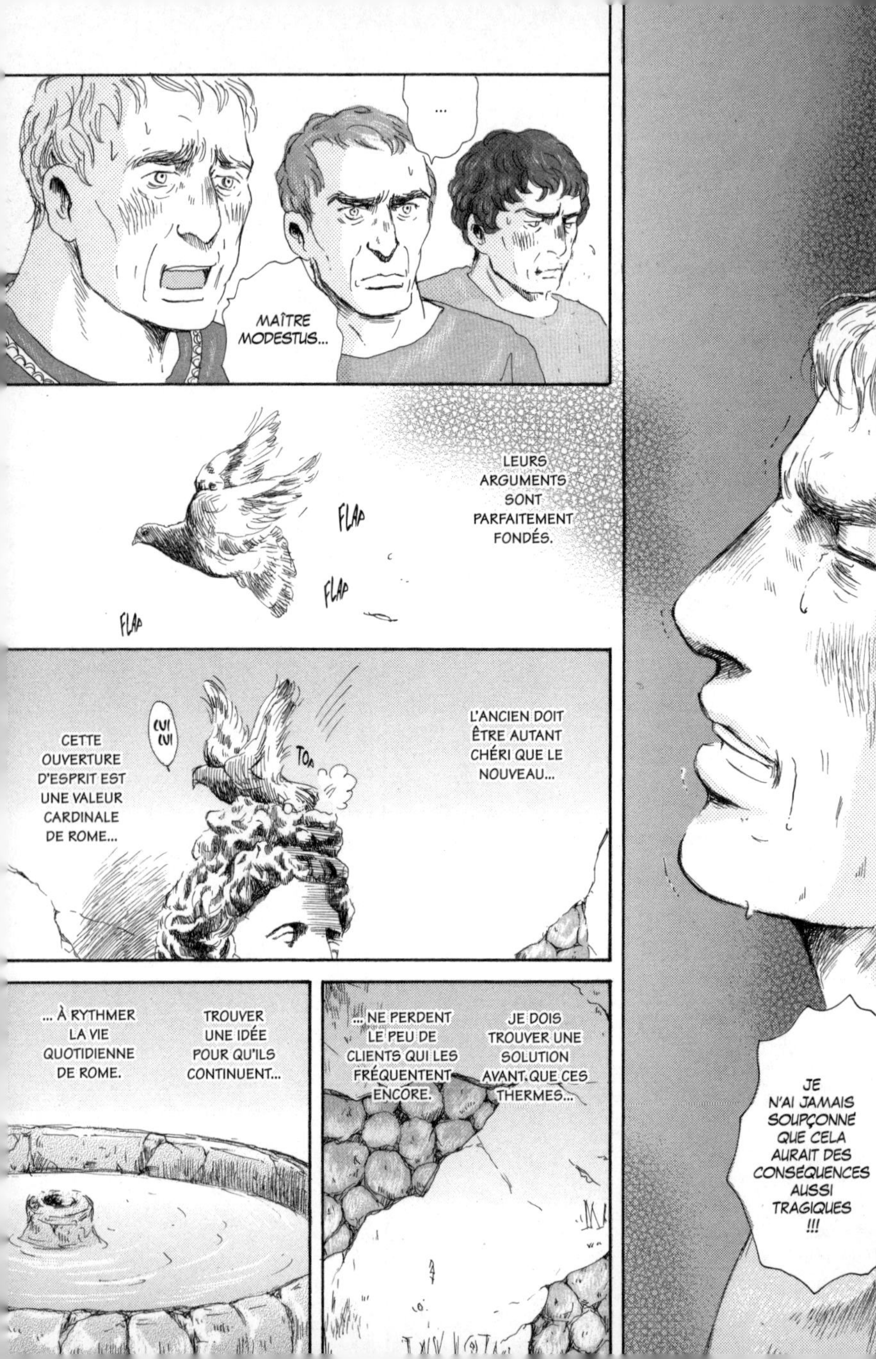

...
MAÎTRE MODESTUS...
LEURS ARGUMENTS SONT PARFAITEMENT FONDÉS.
FLAP
FLAP
FLAP
L'ANCIEN DOIT ÊTRE AUTANT CHÉRI QUE LE NOUVEAU...
CUI CUI
CETTE OUVERTURE D'ESPRIT EST UNE VALEUR CARDINALE DE ROME...
JE DOIS TROUVER UNE SOLUTION AVANT QUE CES THERMES...
... NE PERDENT LE PEU DE CLIENTS QUI LES FRÉQUENTENT ENCORE.
TROUVER UNE IDÉE POUR QU'ILS CONTINUENT...
... À RYTHMER LA VIE QUOTIDIENNE DE ROME.
JE N'AI JAMAIS SOUPÇONNÉ QUE CELA AURAIT DES CONSÉQUENCES AUSSI TRAGIQUES !!!

MAÎTRE LUCIUS !
VOUS ALLEZ FINIR PAR TOMBER MALADE SI VOUS RESTEZ DANS L'EAU FROIDE !
JE SAIS...
VOULEZ-VOUS QUE JE RÉCHAUFFE UN PEU L'EAU ?
N'EN FAITES RIEN !
... MAIS J'AI ENVIE DE PASSER UN MOMENT ICI.
FLAP
FLAP
FLAP
...
AUTREFOIS, CET ÉTABLISSEMENT DEVAIT ÊTRE TRÈS ANIMÉ...
LE PLAISIR DE SE DÉLASSER EN COMPAGNIE D'AUTRES PERSONNES...

... J'AI NÉGLIGÉ CETTE CHOSE FONDAMENTALE.
PLITCH
TROP OCCUPÉ À DONNER SATISFACTION À L'EMPEREUR...
C'EST QUELQUE CHOSE DE TRÈS PRÉCIEUX, D'ESSENTIEL MÊME... C'EST CE QUI FAIT COULER EN NOUS L'ÉNERGIE QUI NOUS POUSSE À ALLER DE L'AVANT...
TIENS, IL A FIENTÉ...
PLINE L'ANCIEN LUI-MÊME L'A DIT.
AUSSI VIEUX SOIT-IL, APOLLON RESTE APOLLON.
JE NE PEUX PAS LE LAISSER AVEC UNE FIENTE DE PIGEON SUR LA TÊTE, CE SERAIT TROP TRISTE. JE VAIS L'ENLEVER.
ZWOUP
OH !
SPLATCH
AAAAH !

* NDT : BAINS PUBLICS EBISU.

FLOTCH
BOUAAAH!
...
HAA
HAA
HAA
HAA
!!!
LES BAINS À LA FRESQUE DU VÉSUVE !!!
HAA
NON, À Y REGARDER DE PLUS PRÈS...
... LES PIGMENTS N'ONT PAS L'ÉCLAT DE CELLE QUE J'AI DÉJÀ VUE... CELLE-CI EST DANS UN TRISTE ÉTAT...

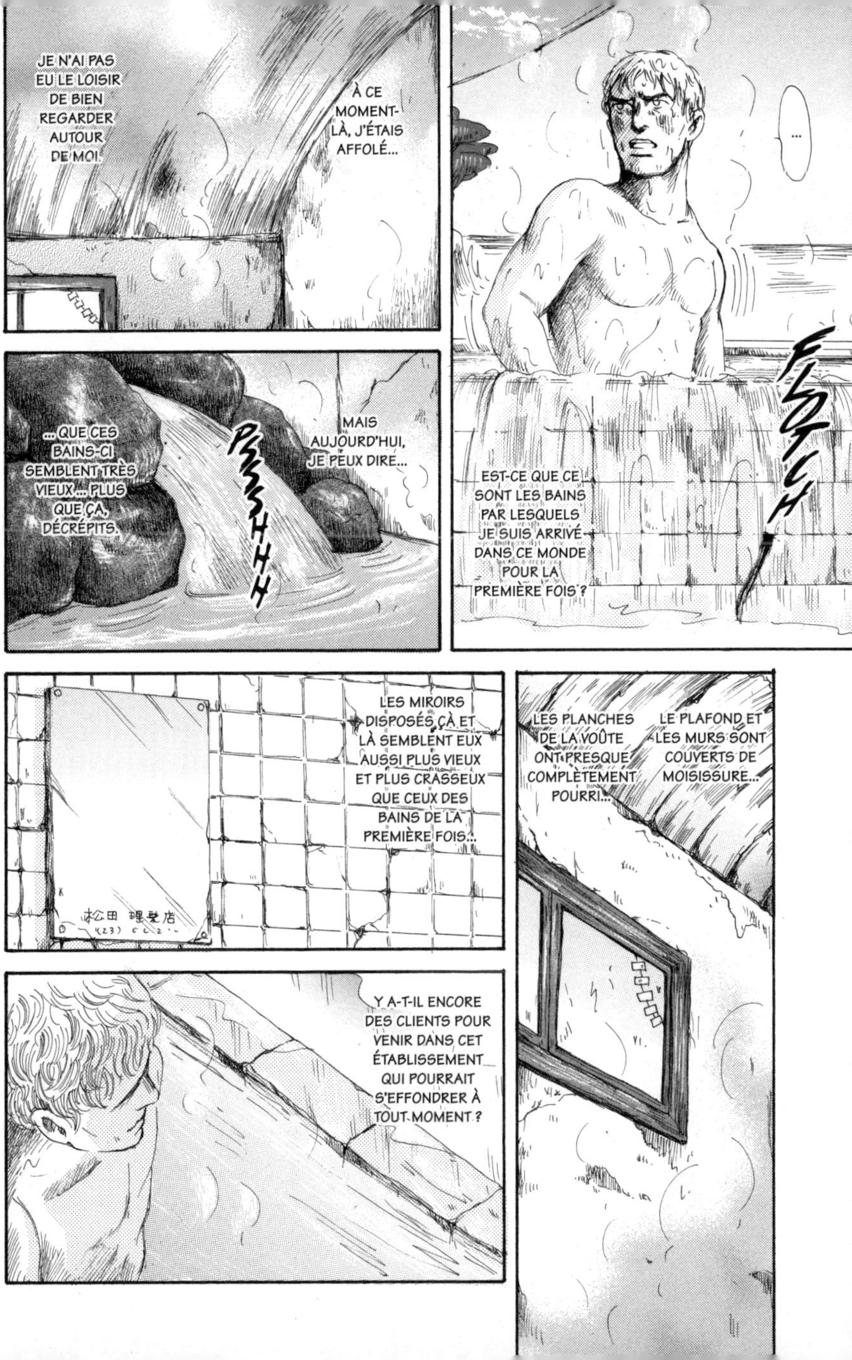
...
FSTCH
EST-CE QUE CE SONT LES BAINS PAR LESQUELS JE SUIS ARRIVÉ DANS CE MONDE POUR LA PREMIÈRE FOIS ?
À CE MOMENT-LÀ, J'ÉTAIS AFFOLÉ...
JE N'AI PAS EU LE LOISIR DE BIEN REGARDER AUTOUR DE MOI.
MAIS AUJOURD'HUI, JE PEUX DIRE...
PSSHHHH
... QUE CES BAINS-CI SEMBLENT TRÈS VIEUX ... PLUS QUE ÇA, DÉCRÉPITS.
LE PLAFOND ET LES MURS SONT COUVERTS DE MOISISSURE...
LES PLANCHES DE LA VOÛTE ONT PRESQUE COMPLÈTEMENT POURRI...
LES MIROIRS DISPOSÉS ÇÀ ET LÀ SEMBLENT EUX AUSSI PLUS VIEUX ET PLUS CRASSEUX QUE CEUX DES BAINS DE LA PREMIÈRE FOIS...
松田 理髪店
Y A-T-IL ENCORE DES CLIENTS POUR VENIR DANS CET ÉTABLISSEMENT QUI POURRAIT S'EFFONDRER À TOUT MOMENT ?

UN GARÇON AILÉ ?
MAIS... C'EST CUPIDON !
PSSSHHH
EN FIN DE COMPTE, LES VISAGES PLATS ONT PEUT-ÊTRE EUX AUSSI ÉTÉ EXPOSÉS À L'INFLUENCE DE ROME...
D'ABORD LA FRESQUE DU VÉSUVE AVEC LA BAIE DE NAPLES EN CONTREBAS ET MAINTENANT UNE STATUE DE CUPIDON...
... LA CLIENTÈLE DES BAINS DÉCRÉPITS A LE MÊME ÂGE QUE L'ÉTABLISSEMENT...
DANS CE MONDE ÉGALEMENT...
...
ZWIP
CRRRR

* NDT : BAINS MESSIEURS.

ALLEZ, TSUYOSHI, C'EST TOI QUI VAS LE DONNER À LA PATRONNE POUR QU'ELLE LE TAMPONNE !
C'EST LE DERNIER ! AVEC CELUI-CI, JE LES AURAI TOUS !!!
RALLYE DES BAINS PUBLICS
POURQUOI CET ENFANT...
... EST-IL SI ENJOUÉ ?
...
C'EST MOI QUI AI ACCOMPAGNÉ MON PETIT-FILS DANS CHAQUE ÉTABLISSEMENT !
TENEZ MADAME !
AH BON... AVEC VOTRE PETIT FILS... VOUS AVEZ DE LA CHANCE...
MOI, JE SUIS ENCORE LOIN DU COMPTE...
RALLYE DES BAIN PUBLIC
VOUS SAVEZ, JE N'AI PAS TROP LE CHOIX... LES JOURS OÙ JE N'AI PAS ENVIE DE SORTIR DE CHEZ MOI, LE GAMIN SAIT SE MONTRER PERSUASIF !
VOILÀ CE QU'IL ME FAUDRAIT ! HA HA HA !
ALLEZ, VOICI LE TAMPON...
... DES BAINS EBISU !
POc
FÉLICITATIONS !!!

YOUPI !!!
C'EST MOI LE CHAMPION DES BAINS !
RALLYE
JE N'AI QUE DES TAILLES ADULTES, JE TE DONNE UN S.
TIENS ! À TOI LE T-SHIRT DU ROI DES BAINS PUBLICS DU QUARTIER !
...
MERCI ! C'EST SUPER !!!
REGARDE, PÉPÉ !
IL EST IMMENSE !!!
Roi des bains publics
T'AS VU COMME JE FLOTTE ?
OUAIS !
HA HA HA !
Roi des bains publics
UNE TUNIQUE ? QU'EST-IL ÉCRIT DESSUS ?
...
OH ! IL DOIT ÊTRE INTRIGUÉ, LE CLIENT ÉTRANGER, POUR NOUS REGARDER ALORS QU'IL EST À POIL ! HA HA HA !
JE VOUS EXPLIQUE ! CE GAMIN A REMPLI SON CARNET DE TAMPONS...
FLAP
ÇA VEUT DIRE QU'IL S'EST BAIGNÉ DANS TOUS LES ÉTABLIS-SEMENTS QUI Y SONT RECENSÉS, ET QU'IL A GAGNÉ LE T-SHIRT QUE VOUS AVEZ VU.

* NDA : à l'époque de l'empereur Hadrien, le christianisme, qui vient de faire son apparition, et le judaïsme sont les seuls cultes monothéistes existant à Rome.

CRRR
ON INSTALLE UN DIEU DANS UNE SÉRIE D'ÉTABLISSE-MENTS, CHACUN AYANT SA DIVINITÉ ATTITRÉE...
... ET LES GENS QUI SE SONT RENDUS DANS CHACUN DE CES "THERMES DES DIEUX" REÇOIVENT UNE RÉCOMPENSE..!
BONSOIR !
À ROME, CE NE SONT PAS LES DIEUX QUI MANQUENT.
IL DOIT MÊME Y EN AVOIR PLUS QUE DE THERMES !
LES DIEUX ET LES THERMES ...
RALLYE DES BAINS PUBLICS
C'EST UNE IDÉE À RETENIR !!!
JE VEUX FAIRE DU FAUTEUIL MASSANT !
PAF PAF
C'EST D'AILLEURS AINSI QUE CET ÉTABLISSEMENT DÉMODÉ PARVIENT À SURVIVRE, À N'EN PAS DOUTER...
VOILA LE MOYEN PARFAIT DE SAUVER LES BAINS TRA-DITIONNELS !!!
みなさ 健康と
ENTENDU ! MAIS AVANT ÇA, LAISSE-MOI PAYER MA TOURNÉE ! ON A RÉUNI TOUS LES TAMPONS, IL FAUT FÊTER ÇA !
TENEZ, MON-SIEUR !

IDÉAL QUAND ON VIENT DE SORTIR DU BAIN, COMME VOUS !
VOUS CONNAIS-SEZ LA LIMONADE RAMUNÉ ? C'EST UN RÉGAL !
...
SOYEZ PAS GÊNÉ ! VOUS ME FERIEZ PLAISIR EN MARQUANT LE COUP AVEC NOUS !
FRSH
POP
QU'EST ...
QUOI ?
PSSHHH
PO
QU'EST-CE QUE C'EST QUE ÇA ?!

HA HA HA... NORMAL QUE VOUS SACHIEZ PAS VOUS Y PRENDRE !
PRENEZ LA MIENNE, JE L'AI DÉJÀ OUVERTE.
TENEZ, TENEZ !
C'EST DONC UNE BOISSON !!!
GLOUP
GLOUP
...
LA BILLE EMPÊCHE DE BOIRE !
METTEZ LA BOUTEILLE À L'HORIZONTALE !
COMME ÇA !
FAUT LA METTRE DANS LE CALE-BILLE ! HA HA HA !
HA HA HA !
...
SNIF
SNIF

COMME ÇA ?
GLOUP GLOUP
PFAAH !
ALORS ? QU'EST-CE QUE ÇA DIT ?
FAMEUX, HEIN ?
C'EST SI...
... RAFRAÎ-CHISSANT !
BEURP !
HAHAHA !
OH ! JOLI !
QUELLE BOISSON INCROYA-BLE !!!
QUEL RÉCIPIENT INCROYA-BLE !!!

PLOP
...
TIA TIA TIA TIA
HA HA HA
MON DOIGT EST COINCÉ !
GNNN...
GNNN...
GNNN...

TAP
TAP
TAP
TAP
TAP
FRSH FRSH
JE SAIS ! JE VAIS LE TREMPER DANS L'EAU CHAUDE !!!
CRRR
ZWOUP
SPLATCH
FLOTCH
?!

AH !
MAÎTRE LUCIUS ! REVENEZ À VOUS !
VOUS VOUS ÊTES COGNÉ LA TÊTE CONTRE LE BORD DU BASSIN ?
COMMENT VOUS SENTEZ-VOUS ?
VLAN
...
...
MIEUX QUE JAMAIS !

JE VAIS SAUVER TOUS LES BAINS DE ROME !!!
ÇA FAIT UN AS.
ET POUR ÇA...
JE M'ADRESSE À QUI, POUR LE SCEAU ?
AH... PARDON ...
C'EST ICI AUSSI.
ET VOILA... MON PREMIER SCEAU !

SI TU VOYAIS LES BEAUTÉS QUI Y TRAVAILLENT !
LES DERNIERS OÙ JE SUIS ALLÉ, C'ÉTAIT LES BAINS DE VÉNUS... ÇA VAUT LE DÉTOUR !
PRENEZ VOTRE TEMPS !
MERCI !
ILS VONT ME REVOIR, CROIS-MOI !
POC
ICI, VOUS ÊTES AUX BAINS D'APOLLON ET DE BACCHUS, ON VA VOUS SERVIR DU VIN.
POC
ET VOILÀ. FÉLICITA-TIONS !
AH... Y A PAS À DIRE... LES THERMES, PLUS C'EST VIEUX, MIEUX C'EST !
AH, CEUX QUI SONT DANS LE TRASTEVERE ? À CE QU'ON RACONTE, C'EST EFFICACE, OUI !
SI T'AS PAS TOUCHÉ TA FEMME DEPUIS UN MOMENT, JE TE CONSEILLE D'ALLER FAIRE UN TOUR AUX BAINS DE PRIAPE.
TENEZ, VOTRE TUNIQUE DE MAÎTRE DES THERMES.
LA ROUE TOURNE ENFIN POUR L'ESCLAVE AFFRANCHI QUE JE SUIS !!!
J'AI TOUS LES SCEAUX !
J'AI RÉUSSI !!!

* NDA : maître des arts thermaux.

QUELLE PEUPLADE PEUT MAÎTRISER...
... UNE TECHNIQUE DE FABRICATION AUSSI RAFFINÉE ?
POURQUOI Y A-T-IL UNE BILLE DANS CE FLACON ?
JE NE PEUX TE LE DIRE.
ELLE FAIT OFFICE DE BOUCHON. QUAND ON VEUT BOIRE LE CONTENU, ON LA POUSSE À L'INTÉRIEUR.
BREF ! JE T'EN PRIE, NE CHERCHE PAS À EN SAVOIR PLUS ET FABRIQUE UN FLACON IDENTIQUE !!!
C'EST L'AVENIR DE ROME QUI EST EN JEU !!!
JE PEUX ESSAYER DE FAIRE SORTIR LA BILLE ?
SURTOUT PAS !!!
TU VAS TE COINCER LE DOIGT, C'EST TOUT CE QUE TU Y GAGNERAS !
NE M'EN VEUX PAS, LUCIUS MODESTUS, MAIS TU DOIS DISPARAÎTRE DE CE MONDE.

ROME & LES BAINS, MES DEUX AMOURS

Dans la Rome antique, on trouvait deux types de bains publics : ceux gérés par l'État et ceux gérés par des individus, en leur nom. J'imagine qu'on peut comparer cette situation à celle qui prévaut aujourd'hui au Japon, avec d'un côté les sources thermales gérées par les collectivités locales, et d'un autre les sources à gestion privée. À Rome, les thermes à gestion individuelle étant dans la plupart des cas transmis de génération en génération, leurs propriétaires n'investissaient pas de sommes colossales dans le fonctionnement et l'entretien de leur établissement, à la différence des thermes qui avaient été commandés par un empereur, ce qui explique peut-être leur sobriété et leur taille plutôt modeste.

Au début du deuxième siècle de notre ère, période où vécut l'empereur Hadrien, on comptait à Rome intramuros onze grands thermes (la plupart d'entre eux étaient des bains d'État construits sur ordre d'un empereur) et environ mille établissements de bains à gestion individuelle. Ce qui a rendu possible cette omniprésence des bains publics dans la ville, c'est une technologie très perfectionnée d'acheminement de l'eau : un réseau de canalisations, puisant dans les sources qui jaillissaient dans les environs de Rome, y apportait de gigantesques quantités d'eau. Il fallait toutefois payer pour avoir le droit d'utiliser cette eau, à l'exception de celle qui jaillissait en permanence des fontaines que l'on trouvait dans les rues (il s'agissait de grands réservoirs surmontés d'une statue d'où coulait l'eau que les Romains utilisaient dans la vie de tous les jours). Soit dit en passant, les thermes à gestion publique étant pour leur part considérés comme des cadeaux de l'empereur aux Romains, les frais d'utilisation de l'eau qu'ils généraient étaient à la charge de l'empereur.

Tout cela pour vous dire qu'à Rome, il fallait jouir d'une certaine aisance financière pour avoir une canalisation qui acheminait l'eau jusqu'à chez soi. Certaines personnes allaient jusqu'à « voler » de l'eau en trafiquant les canalisations, quand bien même cet acte était sanctionné par une amende exorbitante. Quand je me dis que pour faire fonctionner des thermes, il fallait infiniment plus d'eau que n'en utilisait un foyer, je ne peux pas m'empêcher de penser qu'à moins d'avoir une clientèle très nombreuse, il devait être très difficile de faire tourner un établissement de bains.

HAMMAM D'ALEP, EN SYRIE. JE PENSE QUE LES PETITS BAINS DE L'ÉPOQUE ROMAINE RESSEMBLAIENT À ÇA.

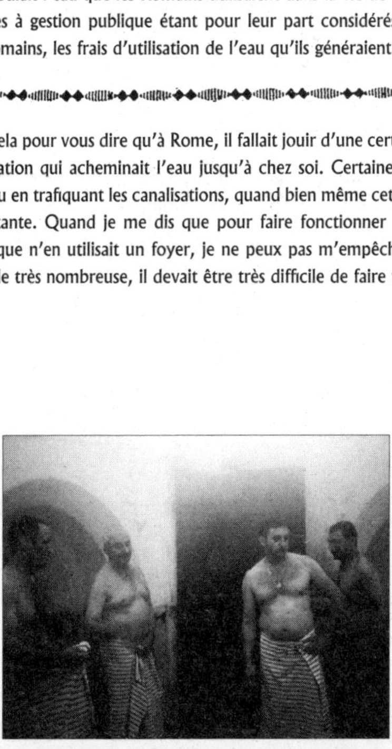

INTÉRIEUR DE BAINS À ERCOLANO (EX-HERCULANUM), EN ITALIE.

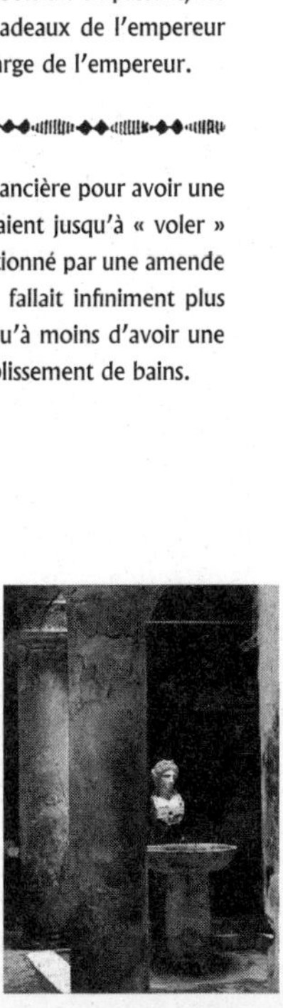

Au Japon, les bains publics à l'ancienne sont en voie de disparition. Ceux qui restent ne survivent qu'au prix de rénovations importantes pour continuer à être dans l'air du temps et ainsi garder une clientèle. Triste constat, certes, mais il faut aussi dire ici que les amoureux de ces établissements se mobilisent pour le maintien de ces « chers bons vieux bains publics ».

Je suis persuadée que dans la Rome antique également, on devait trouver de fervents partisans des thermes à gestion privée, qui les préféraient aux établissements de grande envergure car ils pouvaient y goûter un moment de calme et s'y délasser en toute quiétude. Et il est selon moi tout à fait possible qu'ils aient mené, dans leur coin, des efforts semblables à ceux des amateurs japonais des bains publics aujourd'hui.

Pour finir, une anecdote : je me souviens qu'à l'âge de trois ans, un jour où nous étions allés en famille aux bains publics, je suis restée plongée dans l'eau du bassin pendant un moment sans que personne ne s'en rende compte. Chose curieuse, je garde un souvenir très vif, alors que j'étais sur le dos, les yeux tournés vers le haut, des mouvements de la surface de l'eau au-dessus de moi, de la couleur du corps immergé jusqu'au cou d'une femme qui était entrée dans le bassin sans remarquer ma présence, puis des éclats de rire des gens autour de moi juste après qu'on m'eut tirée de l'eau.

Le fait que le tout premier souvenir de mon existence ait pour cadre l'eau d'un bassin de bains publics doit avoir un lien avec celle que je suis aujourd'hui, l'auteure qui dessine *Thermae Romae*...

Merci les bains publics ! Demeurez à jamais tels que vous êtes et avez été depuis toujours !

CARNET DE "PÈLERINAGE DES TAMPONS" CRÉÉ PAR LE SYNDICAT DES BAINS PUBLICS DE KYÔTO ET SON INDISPENSABLE CARTE, OÙ SONT INDIQUÉS LES ÉTABLISSEMENTS ASSOCIÉS.

INTÉRIEUR DE BAINS PUBLICS JAPONAIS.

AFFICHES DE SPECTACLES (FILMS OU AUTRES) QU'ON TROUVE DANS LES BAINS PUBLICS JAPONAIS.

NE MÉNAGEANT JAMAIS SA PEINE,
LE BRAVE LUCIUS AVANCE RÉSOLUMENT
SUR LA VOIE DES THERMES !!!

MAIS LÀ, LUCIUS, T'EN AS
PEUT-ÊTRE TROP FAIT !!!
PARCE QUE MAINTENANT,
CERTAINS EN VEULENT
À TA VIE !!!

T'ES DANS DE BEAUX
DRAPS, LUCIUS !!!

Première parution : mensuel *Comic Beam*,
numéros d'avril à août 2010.

COMMENT S'APPELLE LE MANGA COUVERT DE PRIX, DONT TOUS LES MÉDIAS (TÉLÉVISION, JOURNAUX, RADIOS, MAGAZINES ET ON PASSE) CHANTENT LES LOUANGES, ET QUI A MÊME EU DROIT À CE COMMENTAIRE DANS UN GRAND JOURNAL ITALIEN : "L'EMPIRE ROMAIN ENTREPREND ENFIN LA CONQUÊTE DU MONDE DE LA BANDE DESSINÉE JAPONAISE" ?

THERMAE ROMAE !!!

À SUIVRE DANS LE VOLUME III !

EN
LIBRAIRIE
EN JUIN
2012 !

Mari Yamazaki

Mari Yamazaki est née en 1967 à Tokyo, d'une mère musicienne dans l'orchestre symphonique de Sapporo. À 14 ans, elle voyage seule en France et en Allemagne, rendant visite aux amis musiciens de sa mère. Alors qu'elle se rend à Lille, elle rencontre un potier italien sur un quai de la gare de Bruxelles. À 17 ans, elle est invitée en Italie par ce dernier. Mari Yamazaki accepte et commence à étudier la peinture aux Beaux-Arts de Florence. Après dix années parfois difficiles en Italie, elle participe à un concours de jeunes auteurs organisé par un éditeur japonais de mangas, dans le seul but de remporter la somme d'argent associée au prix. Son œuvre est sélectionnée, elle fait alors ses débuts dans le monde du manga. Elle s'installe à Lisbonne en 2003 après avoir résidé au Japon, au Moyen-Orient ainsi qu'en Italie. À partir de janvier 2008, elle publie dans le magazine mensuel *Comic Beam* (Enterbrain) la série *Thermæ Romæ*. Le premier tome sort en novembre 2009 et connaît un succès immédiat. En mars 2010, *Thermae Romae* est lauréat du Grand Prix du Manga et reçoit en avril le 14e prix culturel Osamu Tezuka. Elle réside actuellement à Chicago avec son fils, son mari (l'Italien rencontré à Bruxelles), et leur chat.

SAKKA 作家

LA COLLECTION

SAKKA FORMAT 15X21

LE JOUR DU LOUP
BIENVENUE AU GAMURAKAN 1 & 2
VOYAGE À UROSHIMA
Yôji FUKUYAMA

LA MUSIQUE DE MARIE 1 & 2
LE CERCLE DU SUICIDE
L'ÂGE DE DÉRAISON – scénario de Otsuichi
Usamaru FURUYA

TENSUI 1 & 2
LA FILLE FANTÔME
Kazuichi HANAWA

HANASHIPPANASHI 1 & 2
SORCIÈRES 1 & 2
PETITE FORÊT 1 & 2
Daisuké IGARASHI

KAIKISEN
Satoshi KON

UN ÉTÉ ANDALOU
LA FOLIE DES PRIMEURS
LA BATAILLE DU MONT FUJI
LE CLAN DES TENGU 1 à 4
DAIÔ
Iô KURODA

JEUX D'ENFANT
ADIEU MIDORI
MLLE ÔISHI 1 à 4
Q-ta MINAMI

L'ÎLE PANORAMA
Suehiro MARUO – Ranpo EDOGAWA

BLUE
EVERYDAY
STRAWBERRY SHORTCAKES
AMOURS BLESSANTES
ROUGE BONBON
WATER
FRAGMENTS D'AMOUR
Kiriko NANANAN

DISPERSION 1 & 2
Hideji ODA

PINK
HELTER-SKELTER
RIVER'S EDGE
NONAMOUR
TÔKYÔ GIRLS BRAVO 1 & 2
ROCK
Kyôko OKAZAKI

L'HABITANT DE L'INFINI 1 à 26
Hiroaki SAMURA

FUJISAN
Akira SASÔ

KINDERBOOK
L'EAU AMÈRE
Kan TAKAHAMA

LE LIVRE JAUNE
Fumiko TAKANO

LE GOURMET SOLITAIRE
L'HOMME DE LA TOUNDRA
LE SAUVETEUR
BLANCO 1 à 4
SKY HAWK
GARÔDEN
ENEMIGO
Jirô TANIGUCHI

I.L
LA FEMME INSECTE
Osamu TEZUKA

FORGET-ME-NOT
Kenji TSURUTA

ALL MY DARLING DAUGHTERS
Fumi YOSHINAGA

SAKKA FORMAT 13X18

THE WORLD IS MINE 1 à 14
Hideki ARAI

MIRAI NIKKI 1 à 12
MIRAI NIKKI MOSAIC
MIRAI NIKKI PARADOX
HANAKO ET AUTRES LÉGENDES URBAINES 1 à 4
Sakae ESUNO

ASTRAL PROJECT 1 à 4
MARGINAL – Syuji TAKEYA

GON 1 à 7
Masashi TANAKA

UNDER THE SAME MOON 1 à 7
Seiki TSUCHIDA

BLESSURES NOCTURNES 1 à 10
Seiki TSUCHIDA – Osamu MIZUTANI

THERMÆ ROMÆ 1 & 2
Mari YAMAZAKI

SAKKA FORMAT 11,5X18

EAGLE 1 à 11
Kaiji KAWAGUCHI

SKIP BEAT! 1 à 20
Yoshiki NAKAMURA

KEIJI 1 à 18
Keiichirô RYÛ – Tetsuo HARA – Mio ASÔ

BOBOBO-BO BO-BOBO 1 à 21
Yoshio SAWAI

BAKEGYAMON 1 à 5
Mitsuhisa TAMURA – Kazuhiro FUJITA

SHIN CHAN SAISON 2, 1 à 19
Yoshito USUI

THERMÆ ROMÆ Volume 2

First published in Japan in 2010 by ENTERBRAIN, INC., Tokyo.
French translation rights arranged with ENTERBRAIN, INC.
through Tuttle-Mori Agency, Inc., Tokyo.

www.casterman.com
www.sakka.info

ISBN : 978-2-203-04910-9

Imprimé en Italie par Legoprint. Dépôt légal : Mars 2012 ; D. 2012/0053/214.